Was ich schon immer erreichen wollte

Jinny S. Ditzler

Was ich schon immer erreichen wollte

Persönliche Ziele formulieren und umsetzen – ein Jahresplan in zehn Schritten

Aus dem Englischen von
Christine Strüh

Scherz

Die Originalausgabe erschien unter dem Titel
«Your Best Year Yet» bei Warner Books, New York.

Erste Auflage 2000

Einbandgestaltung: Franziska Muster, Bern.
Unter Verwendung eines Dias der Bildagentur Stone, München.

Für Tim,
in Liebe und Dankbarkeit

Doch es gibt echte Liebe,
Liebe, die dem anderen stets aufmerksam begegnet, ihr Hauptmerkmal
ist gerade der Respekt vor der persönlichen Würde, und sie regt den
anderen dazu an, sich selbst zu respektieren. Ihr Ziel ist es, dem geliebten
Menschen zu helfen, immer mehr sein wahres Selbst zu leben.
Auf geheimnisvolle Art und Weise findet diese Liebe ihren wahrsten
Ausdruck in ihrer Kraft, mit der sie den anderen dazu anspornt,
das höchste Maß an Authentizität zu erlangen.

ROMANO GUARDINI

Inhalt

Einleitung

Ich lade Sie ein, für den Rest Ihres Lebens jedes Jahr Ihr bisher bestes Jahr zu erleben.

Die in diesem Buch beschriebene Methode soll Ihnen zu größerer persönlicher Effektivität und Erfüllung verhelfen, Ihnen ermöglichen, das zu erreichen, was Sie schon immer erreichen wollten. In einem dreistündigen Workshop gewinnen Sie Abstand vom Alltag, machen eine Bestandsaufnahme und planen anschließend das nächste Jahr Ihres Lebens. Dabei gilt es, zehn einfache Fragen zu beantworten. Eine Standortbestimmung, die Ihnen hilft, Ihre Gedanken zu klären, und dafür sorgt, dass das kommende Jahr für Sie erfolgreich und erfüllend wird. Am Ende Ihres persönlichen Workshops haben Sie einen einfachen Plan, der auf ein einziges Blatt Papier passt und Sie durch die nächsten zwölf Monate begleiten soll.

Diese Methode wurde in den letzten zwanzig Jahren von vielen tausend Menschen angewandt; gemeinsam haben wir versucht, den jährlichen Lebensrückblick und den Planungsprozess möglichst effektiv zu gestalten und auf den Punkt zu bringen. Wir haben dadurch gelernt, unsere Vorsätze besser zu realisieren, und die meisten von uns sind heute finanziell, beruflich und in ihren Beziehungen wesentlich erfolgreicher und erfüllter als vorher. Wenn Sie sich die Zeit für eine Bestandsaufnahme nehmen, werden Ihnen viele Dinge klar, und es wird Ihnen deutlich, wie Sie Ihr Leben sinnvoll und erfüllend gestalten können.

Viele Menschen führen die Bestandsaufnahme inzwischen regelmäßig einmal im Jahr durch; das hat ihr Leben verändert und ihnen ermöglicht die Ziele zu erreichen, die ihnen wirklich wichtig sind. Wie ein Freund es ausdrückte: «Ich habe gemerkt, dass ich nicht so lebte, wie ich es mir wünschte, und jetzt befasse ich mich endlich mit den Dingen, die für mich eine Rolle spielen, statt sie immer auf später zu verschieben.»

Ich heiße Sie herzlich willkommen, sich dieser Reise zu persönlicher Erfüllung und Erfolg anzuschließen.

So benutzen Sie dieses Buch

Es dauert im Schnitt etwa drei Stunden, um die zehn zentralen Fragen des Buches zu beantworten.

Viele Leute machen sich im Januar einen Plan über ihre persönlichen Ziele für das bevorstehende Kalenderjahr. Doch natürlich sind Reflexion und Planung nicht an ein Datum gebunden und können jederzeit in Angriff genommen werden. Entsprechend kann dieses Buch selbstverständlich nicht nur von Januar bis Dezember angewandt werden – wenn Sie es jetzt lesen, ist jetzt auch der richtige Zeitpunkt, die Fragen zu beantworten und die nötigen Schlüsse daraus zu ziehen. Legen Sie einfach los.

Das Buch hat drei Teile:

Teil 1: Eine Einführung in die Grundlagen, auf denen unsere Methode basiert, mit Beispielen von Menschen, die diese Methode im Lauf der Jahre angewandt haben.

Teil 2: Hier werden die zehn Fragen, die Sie für Ihre persönliche Standortbestimmung benötigen, dargestellt und näher erläutert.

Teil 3: Hier können Sie in einem Arbeitsbuch Ihre Antworten aufschreiben und Ihre Ziele für die nächsten zwölf Monate entwerfen.

Je nachdem, was Ihrem persönlichen Stil eher entspricht, bieten sich zwei unterschiedliche Vorgehensweisen an:

1. Gehen Sie gleich zu Teil 3 über und beginnen Sie mit dem Beantworten der zehn Fragen. Wenn Sie Hilfe oder Erklärungen benötigen, schlagen Sie unter der Frage in Teil 2 nach, die Sie gerade bearbeiten.
2. Lesen Sie Teil 1 und Teil 2 als Vorbereitung für Ihren Workshop; wenn Sie Lust haben, können Sie sich dabei bereits Notizen machen. Wenn Sie fertig sind, nehmen Sie sich drei Stunden Zeit und beantworten die Fragen in Teil 3.

Für welche Version Sie sich auch entscheiden – viel Spaß auf Ihrer Reise!

Der Wendepunkt

Die Idee zum Konzept des Workshops entstand an Neujahr 1980, als mein Freund Tim (mein jetziger Ehemann) und ich in unserer Londoner Wohnung aufwachten. Wir arbeiteten seit knapp einem Jahr in Großbritannien und lebten erst seit einigen Monaten zusammen; im Frühling des Vorjahres hatten wir uns kennen gelernt, kurz nach unserer Ankunft aus den Vereinigten Staaten.

Vielleicht brauchte ich ein wenig Ablenkung, denn ich hatte in der Nacht zuvor das Rauchen aufgegeben und in meinem Bekanntenkreis so viel Wind um meinen Entschluss gemacht, dass ich nicht mehr zurückkonnte. Vielleicht war auch der Gedanke an das neue Jahrzehnt an allem schuld. Jedenfalls dachte ich zum ersten Mal seit einer Ewigkeit etwas ernsthafter über das bevorstehende Jahr nach. Und so schlug ich Tim vor, dieses Jahr beide an einem Marathonlauf teilzunehmen. Tim war einverstanden.

Soweit ich mich erinnere, war dies das einzige Ziel, das ich mir in dem Jahr setzte. Tim und ich wählten den Marathon in Paris, der für Mai angesetzt war. Aus heutiger Sicht ist das sicher nichts Ungewöhnliches, aber es war das Jahr 1980. Erst ein Jahr später sollte in London der erste Marathonlauf stattfinden und in England war damals ein Dauerläufer – und eine Dauerläuferin sowieso – auf der Straße ein sehr ungewohnter Anblick. Man wurde angestarrt, und die Leute zeigten mit dem Finger auf einen.

Wir begannen also mit dem Training, und obwohl wir schon seit längerem mehrmals pro Woche ein paar Meilen joggten, rieten uns Sportexperten zu einem neuen Trainingsprogramm, mit dem wir uns bis zu einem Pensum von über fünfzig Meilen pro Woche im letzten Monat vor dem Marathonlauf steigern sollten. Nach und nach verlängerten wir also unsere Runde durch den Bishops Park in Fulham bis zur Putney Bridge, den Treidelpfad hinauf, unter der Hammersmith Bridge durch, bis wir den Punkt erreichten, der ungefähr die Hälfte unseres Tagesziels war. Dort kehrten wir um und liefen dieselbe Route zurück.

Mitte März war das Ende der kalten Wintermorgen in Sicht, und wir fühlten uns schon wesentlich besser mit unserem Vorhaben. Ein paar unserer Freunde zeigten in der Zwischenzeit ebenfalls Interesse, und bald entwickelte mein eher oberflächlicher Neujahrsvorsatz ein Eigenleben. Im Mai fuhren wir in einer Gruppe von fast hundert Leuten in zwei Bussen nach Paris, wo wir uns prächtig amüsierten und mehrere tausend Dollar für wohltätige Zwecke sammelten.

Aber der Lauf war eine entsetzliche Quälerei – ich dachte, wir würden nie ans Ziel kommen. Für Tim war es noch schlimmer als für mich. Wir liefen den ganzen Marathon nebeneinander. Nach zwanzig Meilen war Tim so fertig, dass er bei einer Trinkpause plötzlich in die falsche Richtung trabte und zur Startlinie zurückwollte! Aber wir schafften es trotzdem. Das Hochgefühl und das daraus resultierende Selbstvertrauen hielten sich weit über die Ziellinie hinaus. Ich lernte vor allem, wie man durchhält, und ich entdeckte in mir ungeahnte Kräfte und Fähigkeiten, die mir verborgen geblieben wären, wenn ich mich nicht gezwungen hätte, dieses extreme Ziel zu verfolgen.

Am darauf folgenden Neujahrstag verlobten wir uns; Tim und ich lebten immer noch in derselben Mietwohnung und begannen, das nächste Jahr zu planen. Der Marathonlauf war ein großes Ereignis gewesen, aber ansonsten hatte sich nicht viel geändert. Ende 1980 hatten wir beschlossen, uns eine Wohnung zu kaufen, und dabei entdeckt, dass wir gemeinsam mehr ausgaben als einnahmen. Es war nicht ganz leicht gewesen, in London beruflich Fuß zu fassen, und obwohl wir uns davon nicht allzu sehr deprimieren ließen, war es unklar, wie es weitergehen sollte.

Statt nach Ablauf meiner vereinbarten Zeit in England in die Vereinigten Staaten zurückzukehren, hatte ich dort einen guten Job sausen lassen, weil ich bei Tim bleiben wollte. Bis jetzt hatte ich noch keine neue Anstellung gefunden. Tim und ich waren glücklich miteinander und hatten viel Spaß, aber meistens waren wir pleite und konnten uns höchstens einmal im Monat ein Essen im Restaurant um die Ecke erlauben. Aber im Rückblick lässt sich leicht erkennen, dass der Neujahrstag 1981 für uns die Wende war.

Genau genommen wurde an diesem Tag die Idee des Workshops für das beste Jahr geboren, obgleich ich erst im darauf folgenden Jahr begann, mit ihm an die Öffentlichkeit zu treten. Als Tim und ich uns hinsetzten, um das kommende Jahr zu planen, ließen wir uns allein vom gesunden Menschenverstand leiten. Doch bevor wir anfingen, über die bevorstehenden zwölf Monate nachzudenken, blickten wir instinktiv auf das Vergangene zurück, auf das, was sich für uns beide ereignet hatte. Wir hatten das Schlimmste erwartet und dann weit mehr erreicht, als wir für möglich gehalten hätten. Gleich fühlten wir wieder ein bisschen mehr Begeisterung für uns und das, was vor uns lag – eine Erfahrung, die, wie sich herausstellte, fast jeder machte, der im Lauf der Jahre an unserem Programm teilnahm.

Bis der Tag zu Ende ging, hatten wir uns über hundert Ziele gesetzt. 1981 war ohne jeden Zweifel das beste Jahr für uns beide – wir heirateten, beteiligten uns an drei weiteren Marathonläufen und jeder startete ein eigenes Unternehmen, das heute noch existiert.

Trotzdem beendeten wir das Jahr mit einem schlechten Ergebnis, denn wir hatten uns so viel vorgenommen, dass es völlig unmöglich gewesen war, alles zu erreichen. Als wir uns daranmachten, unsere Idee an andere weiterzugeben, wurde uns schnell klar, dass man bei so vielen Zielen einfach den Überblick verliert und nicht mal die Hälfte im Auge behalten kann. Inzwischen haben wir die Übung so weit vereinfacht, dass man lediglich die zehn wichtigsten Ziele für sich definiert.

Aber als wir uns an jenem ersten Morgen des Jahres 1980 vornahmen, beim Marathon mitzumachen, war das für uns der Beginn eines neuen Lebensstils. Und als ich diese Idee zu einem Workshop weiterentwickelte, bekamen viele Menschen die Chance, das Gleiche für sich selbst zu tun. Gemeinsam erfuhren wir eine Menge darüber, wie wir unseren gesunden Menschenverstand benutzen können, um aus den vergangenen Jahren zu lernen und das Beste aus dem vor uns liegenden Jahr zu machen.

Tim und ich haben unsere jährliche Übung durchgeführt, egal ob es uns gut oder schlecht ging; jedes Jahr nahmen wir uns eigens die Zeit dafür, ganz gleich, was sonst anlag. Schon allein die Tatsache, dass wir die zehn wichtigsten Ziele fürs nächste Jahr definieren, erhöht unsere Chance, sie auch wirklich zu erreichen. Selbstverständlich ist kein Jahr wie das andere. In manchen Jahren liegt der Schwerpunkt der Ziele auf dem Geldverdienen, in anderen auf Fitness und Wohlbefinden, auf den familiären Beziehungen, auf der Arbeit oder einfach darauf, dass wir uns ganz neuen Herausforderungen stellen müssen, von denen wir im Jahr davor noch nichts geahnt haben.

Natürlich haben wir nicht alle Ziele erreicht, die wir uns gesetzt haben, und wir haben unsere Fortschritte auch nicht mit der roboterhaften Genauigkeit verfolgt, wie wir es manchmal für erstrebenswert hielten. Aber die Idee vom besten Jahr war weiterhin der Rahmen für unser Leben, Jahr für Jahr, und sie hat dafür gesorgt, dass wir zumindest die Chance haben, die Lektionen des letzten Jahres zu lernen und uns neuen Zielen zuzuwenden.

Die Disziplin, mit der wir jedes Jahr die Fragen des Programms durcharbeiten, hilft uns, weiter zu wachsen und zu lernen. Nicht immer war alles so gut, wie es hätte sein können, aber in solchen Zeiten habe ich gelernt, die in diesem Buch beschriebenen Methoden so gut wie möglich auf mich selbst anzuwenden. Im Lauf der Jahre hat sich das Konzept mit Hilfe vieler anderer Menschen zu einem Programm von zehn einfachen Fragen entwickelt, das von jedem jederzeit in Angriff genommen werden kann.

Ich habe viele Menschen kennen gelernt, die sich Zeit genommen und darüber nachgedacht haben, was sie wirklich wollen und wie sie das nach und nach verwirklichen können, und ich habe gesehen, wie sich ihr Leben dadurch verändert hat. Ich habe solche Fälle über Jahre hinweg beobachtet, und das hat mich dazu motiviert, das Konzept zu *Was ich schon immer erreichen wollte* noch mehr Menschen zugänglich zu machen. Niemand ist zu jung oder zu alt, um das nächste Jahr zu seinem oder ihrem besten zu machen.

ERSTER TEIL

Drei Stunden, die mein Leben verändern

Was ich schon immer erreichen wollte
Die Grundlagen

Ziele setzen

Erfolgreiche Unternehmen setzen sich Ziele und planen voraus. Hier weiß man genau: Um die Veränderungen und das gewünschte Wachstum herbeizuführen, müssen jedes Jahr die Prioritäten definiert und die Energien der Angestellten so ausgerichtet werden, dass die Ziele erreicht werden können. Wenn wir diese Art von Erfolg bei uns selbst erleben möchten, müssen wir nach dem gleichen Prinzip vorgehen: Wir müssen uns Ziele setzen und unser Leben für die nächsten zwölf Monate planen. Auf diese Weise können wir uns mit großen Themen auseinander setzen, die Dinge in Angriff nehmen, die uns wichtig sind, und die Veränderungen vornehmen, die uns am Herzen liegen.

Ziele zu setzen ist ein uns allen vertrauter Vorgang. Schon oft haben wir uns etwas vorgenommen, schon oft hatten wir Erfolg und haben viele unserer Ziele erreicht. Bereits in jungen Jahren entwickeln wir allmählich eine Vorstellung von dem, worum es uns im Leben geht. In unserem Kopf entwickelt sich ein Bild von einer Ausbildung, einem Job, einem Auto, einem Haus, einer Familie.

Mit der Zeit werden unsere Vorstellungen immer klarer. Sind wir fünfundzwanzig oder dreißig, haben wir einiges von dem erreicht, was wir uns vorgenommen hatten, und glauben uns auf dem besten Weg zu neuen Zielen, die sich bereits in unseren Köpfen gebildet haben.

Doch das Leben geht weiter und nach und nach wird das Zielesetzen immer nebensächlicher und weit weniger spezifisch – Wünsche und Sehnsüchte tauchen auf und machen es sich in unseren Gedanken bequem, ohne dass wir es richtig merken. Selten setzen wir uns Ziele im Ein-Jahres-Rahmen, selten treffen wir eine bewusste Entscheidung, welches unserer Ziele für uns das wichtigste ist. Plötzlich jagen wir einem Ziel nach, bevor wir Zeit hatten, es genauer zu durchdenken, seinen Preis in Erwägung zu ziehen oder zu überlegen, ob es uns wirklich der Mühe wert ist.

Nach dem ersten Schwung des Erwachsenwerdens denken die meisten von uns nicht mehr so ernsthaft über ihre Ziele nach, wie es ganz selbstverstänldich war, als wir unsere Ausbildung planten, unsere Laufbahn oder unsere erste eigene Wohnung. Wir orientieren uns mehr und mehr der Nase nach, reagieren auf äußere Umstände, erfüllen unsere unmittelbaren Bedürfnisse und auch die der Menschen um uns herum. All das wird rasch zu einer Ganztagsbeschäftigung, führt manchmal sogar zu Überforderung. Die Zeit vergeht, und wir bekommen das Gefühl, dass wir die Kontrolle über unser Leben verlieren, aber nichts dagegen machen können. Die Dinge, die uns am meisten am Herzen liegen, erhalten nicht genug Aufmerksamkeit. Das Leben wird zum ständigen Frust. Immer mehr haben wir den Eindruck, nicht mehr über unser Leben bestimmen zu können.

Im *tibetischen Buch vom Leben und vom Sterben*, das ich sehr schätze, schreibt Sogyal Rinpoche: «Wenn wir uns unser Leben genau anschauen, sehen wir ganz klar, wie viele unwichtige Dinge, sogenannte ‹Pflichten›, sich angesammelt haben. Ein Meister vergleicht dies mit ‹Haushalten im Traum›. Wir sagen uns, wir sollten uns mehr um die wichtigen Dinge kümmern, finden aber nie die Zeit dazu.»

Es gibt Dinge, die erledigt werden müssen – wir haben keine andere Wahl. Und oft, wenn wir dann alles erledigt haben, was erledigt werden muss, sind wir so müde, dass uns nichts mehr einfällt, was wir gern tun möchten. So werden wir nach und nach zynisch, was Dinge wie gute Vorsätze und Lebensziele angeht. Warum sich mit solchen Nebensächlichkeiten abgeben?

Die frustrierendsten Situationen und Probleme scheinen sich außerhalb unserer Kontrolle zu befinden – also versuchen wir, irgendwie damit zurechtzukommen. Der Gedanke, dass wir tatsächlich etwas dagegen *tun* könnten, kommt uns schon gar nicht mehr. Wir geben die Idee auf, uns ein Leben zu schaffen, das sinnvoll und erfüllend ist, und wir geben uns mit dem zufrieden, was wir haben. Wir verlieren den Glauben an uns selbst und an unsere Fähigkeit, Dinge zu verändern.

Doch oft will sich ein Teil von uns nicht zufrieden geben – der Teil, der mitten in der Nacht erschrocken aufwacht und anfängt, über die Fragen zu grübeln, die uns am Herzen liegen: Was mache ich hier? Was habe ich erreicht? Warum kann ich meine Zeit nicht besser nutzen? Was kann ich tun, um mich intensiver um meine Familie zu kümmern? Wann bin ich an der Reihe? Es muss doch mehr am Leben dran sein als nur Frust und Sorgen? Wo ist der Sinn des Ganzen?

Wenn Sie Musik hören, wenn Sie sich ein Theaterstück oder einen Film ansehen, werden Sie aus ihrem alltäglichen Leben herausgehoben und erinnern sich vielleicht plötzlich daran, wer Sie wirklich sind, was Sie sich für sich selbst und für die Menschen wünschen, die Sie lieben.

Aber dann kommt der nächste Morgen, das Stück ist zu Ende, und die wichtigen Fragen verblassen schon wieder, treten in den Hintergrund und werden von den üblichen Zweifeln und Ängsten überdeckt. Der Alltag hat Sie wieder, und Sie nehmen sich nicht die Zeit, darüber nachzudenken, was Sie wirklich wollen oder wie Sie Ihre Wünsche verwirklichen könnten.

Dieses Buch zeigt Ihnen Wege auf, wie Sie Ihr Leben nach den wichtigen Dingen ausrichten und sich selbst treu bleiben können, wie Sie das erreichen, was Sie eigentlich schon immer erreichen wollten.

Allzu oft setzen wir unsere wichtigsten Ziele nicht im festen Glauben, sie auch erreichen zu können, und verlieren deshalb binnen kurzem den Schwung. Wir vergessen häufig, unsere Konzentration auf die Dinge zu richten, die wir erreicht haben, statt immer auf unsere Misserfolge und Fehler zu schielen. Wir vergessen, wie wir unser Leben im Bewusstsein dessen leben können, was wir gut machen, und so verlieren wir den Glauben an uns selbst und an unsere Fähigkeit zum Erfolg.

Wir Menschen verfügen über enorme Kapazitäten, wenn es darum geht, unsere Fehler im Gedächtnis zu behalten und unsere Erfolge zu vergessen. Erinnerungen an Misserfolge bringen uns dazu, zurückzustecken und verschlechtern unser Selbstbild. Wir erstarren vor unseren größten Problemen, sodass wir unfähig werden, uns aufzurichten und sie anzupacken. In bestimmten Bereichen unseres Lebens sind wir vielleicht stark und kompetent, aber oft verlieren wir unsere Stärke, sobald wir uns den Dingen zuwenden sollen, die für uns schwierig sind.

Hier sind ein paar Beispiele für die Art von Problemen, die ich meine:

- Irgendetwas in der Beziehung zu meinem Sohn ist schief gelaufen, seit er im Teenageralter ist. Ich habe das Gefühl, dass ich den strahlenden kleinen Jungen verloren habe, der so lebhaft war, auf meinen Schoß gesprungen ist und mir alles erzählt hat.
- Endlich habe ich den Erfolg, um den ich so lange gekämpft habe, aber jetzt arbeite ich härter als je zuvor und habe keine Zeit ihn zu genießen. Die Tage vergehen so schnell, und ich nutze die Zeit nicht richtig. Der Traum, für den ich so viel geopfert habe, hat sich einfach in Luft aufgelöst.

- Die meiste Zeit habe ich das Gefühl, dass ich etwas hinterherlaufe, immer droht eine Deadline, immer ist es schon viel später, als ich denke. Ich weiß, ich sollte besser vorausplanen und aufhören, immer alles auf die lange Bank zu schieben, aber ich habe einfach keine Zeit!
- Wer bestimmt mein Leben – ich oder meine Schulden? Den größten Teil meiner Lebenskraft und meiner Energie stecke ich in die Jagd nach Geld und ich weiß nicht, wie ich aus diesem Teufelskreis des puren Überlebens herauskommen soll.

Je länger wir uns mit solchen schmerzlichen Situationen abfinden, je länger wir damit warten, unsere Träume zurückzuerobern, desto größer werden unsere Selbstzweifel, bis wir schließlich ganz die Fähigkeit verlieren, die Veränderungen herbeizuführen, die uns am wichtigsten wären. Irgendwann hören wir auf, auch nur an die Möglichkeit zu denken, dass wir etwas verändern könnten: So ist es eben; ich darf mich nicht beklagen. Die Idee, uns auch nur ein Ziel zu setzen wie: «Ich will anfangen, meinen Erfolg zu genießen», oder: «Ich will wieder ein wenig Romantik in meinem Leben», oder: «Ich suche mir einen neuen Job, der mir die Chance bietet, mich zu beweisen», kommt uns schon gar nicht mehr in den Sinn!

Manchmal versprechen wir uns selbst Dinge wie:

- Heute Abend gehe ich heim und werde den Fernseher nicht anrühren.
- Nächstes Wochenende mache ich eine Spazierfahrt mit meinem Sohn und versuche ihm näher zu kommen.
- Ab nächsten Montag mache ich Diät!
- Heute Abend gehe ich auf dem Weg von der Arbeit zum Sport.
- Morgen lese ich als Erstes die Stellenanzeigen und suche mir ein paar Jobs heraus, um die ich mich bewerbe.
- Heute auf dem Heimweg kaufe ich Blumen und eine Flasche Wein …

Aber zu oft halten wir solche Versprechen nicht, und jedes Mal, wenn dies wieder passiert, fühlen wir uns noch schwächer und glauben ein bisschen weniger an uns. Diese Art, uns zu verurteilen, behindert uns mehr als die Unfähigkeit, nach vorn zu blicken oder Ziele zu setzen. Nach und nach gelangen wir zu der Überzeugung, dass wir nicht in der Lage sind, wichtige Veränderungen vorzunehmen, und deshalb hören wir auf, uns Ziele zu setzen und sinnvolle Zukunftspläne zu schmieden.

Der mangelnde Glaube an uns selbst türmt sich vor uns auf wie eine Backsteinmauer und hindert uns, darüber nachzudenken, wie wir die großen Veränderungen bewerkstelligen und uns Ziele setzen können, die uns wirklich am Herzen liegen.

Wenn wir an diesem Punkt in unserem Leben angekommen sind, fangen wir an, uns hinter den typischen Ausflüchten und Abwehrmechanismen zu verstecken, beispielsweise:

- Wenn etwas erst mal schief gegangen ist, kann man nichts dagegen tun.
- Mir Ziele zu setzen und darüber nachzudenken, was ich will, ist schrecklich egoistisch und selbstbezogen.
- Ich möchte mich lieber nicht festlegen.
- Wenn ich die stressige Phase hinter mir habe, nehme ich mir Zeit für mich.
- Ich ertrage den Gedanken an einen weiteren Misserfolg einfach nicht.
- Ich bin dafür zu alt.
- Das ist mir viel zu anstrengend.

Und obwohl niemand daran denken würde, ins Auto zu steigen, ohne zu wissen, wohin es gehen soll, werden wir nach und nach zu Beifahrern in unserem eigenen Leben. Die Jahre vergehen, aber wir steigen nie aus und sehen nach, wo das Auto eigentlich steht oder wohin es fährt. Wir sitzen einfach auf dem Rücksitz und sind furchtbar mit unserem arbeitsreichen Leben beschäftigt, das so schnell an uns vorüberzieht, dass wir wirklich keine Zeit haben, auf die Bremse zu treten, anzuhalten, die Lage zu begutachten, andere Routen in Erwägung zu ziehen oder Ziele zu setzen und die Richtung zu ändern – kurz gesagt, wieder selbst das Steuer zu übernehmen.

Die Zukunft in die Hand nehmen

Der etwa dreistündige Workshop veranlasst Sie, das Auto anzuhalten und Ihr Leben näher in Augenschein zu nehmen. Was haben Sie bisher erreicht? Was können Sie? Was haben Sie über sich gelernt? Haben Sie sich verfahren? Und vor allem: Wie weit sind Sie gekommen?

Zwar ist diese Bestandsaufnahme nicht unbedingt einfach, sie soll aber keine Schuldsuche sein, sondern viel eher eine angenehme und anregende Erfahrung. Sie hilft Ihnen, sich mit wichtigen Fragen auseinander zu setzen und Bilanz zu ziehen. Die größte Herausforderung besteht darin, drei Stunden Zeit zu finden in einem Leben, in dem für solche Dinge eigentlich keine Zeit vorhanden ist. Aber wenn Sie mehr Verantwortung bei der Gestaltung Ihres Lebens übernehmen wollen, statt sich mit Ihrem Schicksal abzufinden, müssen Sie sich auf eine Standortbestimmung einlassen.

Vielleicht fällt es Ihnen auch leichter, sich die drei Stunden Zeit zu nehmen, wenn Sie beschließen, den Workshop mit jemandem aus der Familie, mit einem Kollegen oder einem Freund zu machen.

Ziel der Standortbestimmung ist, auf das letzte Jahr zurückzublicken und dann über die kommenden zwölf Monate nachzudenken, indem Sie sich die folgenden zehn Fragen stellen:

1. Was habe ich bisher erreicht?
2. Welches waren meine größten Enttäuschungen?
3. Was habe ich daraus gelernt?
4. Wo stehe ich mir selbst im Weg und wie kann ich damit aufhören?

5. Was sind meine persönlichen Werte?
6. Welche Rollen spiele ich in meinem Leben?
7. Auf welche Rolle will ich mich im nächsten Jahr konzentrieren?
8. Was sind meine Ziele für jede Rolle?
9. Was sind meine zehn wichtigsten Ziele für das nächste Jahr?
10. Wie kann ich sicherstellen, dass ich diese erreiche?

Diese zehn Fragen zur persönlichen Standortbestimmung funktionieren ähnlich wie erfolgreiche Gartenarbeit. Denken Sie einen Moment darüber nach: *Wir müssen den Boden vorbereiten, bevor wir die Samen der Pflanzen säen, die wir im nächsten Jahr ernten wollen.* Wenn wir die ersten beiden Fragen beantworten, überprüfen wir, was im letzten Jahr gediehen ist und was nicht. Die dritte Frage hilft uns zu entdecken, was wir gelernt haben und was wir uns für kommende Zeiten merken wollen.

Nehmen wir uns ein bisschen Zeit, uns am Erfolg des letzten Jahres zu freuen, sodass wir durch ihn gestärkt werden, statt uns von den Fehlschlägen runterziehen zu lassen. Mit anderen Worten, lassen Sie Ihre Enttäuschungen und Fehlschläge los – ziehen Sie sie mit der Wurzel heraus, wie Sie in Ihrem Garten das Unkraut jäten. Warum sollten sie Platz beanspruchen und die Ereignisse im nächsten Jahr negativ beeinflussen?

Die vierte Frage ist der letzte Schritt vor der Aussaat. Jetzt wird der Boden gedüngt – wir reichern jeden Erdklumpen an, indem wir das, was wir gelernt haben, und unsere Vorsätze für das nächste Jahr einarbeiten. Die Erde in Ihrem Garten anzureichern bedeutet sicherzustellen, dass die Art, wie Sie sich selbst sehen, zum Erfolg beiträgt, statt den Boden womöglich zu vergiften. Stellen Sie sich vor, was in einem Garten wachsen würde, der mit Pessimismus verseucht ist. Das Geheimnis des Erfolgs besteht darin, dass die Samen auf fruchtbaren Boden fallen.

Allzu oft setzen sich Menschen ein Ziel, ohne die persönliche Umgebung so vorzubereiten, dass dieses Ziel gedeihen und verwirklicht werden kann. Nehmen Sie sich die Zeit, den Boden auf klare und wirksame Weise vorzubereiten.

Der Prozess beginnt also damit, dass Sie auf das vorangegangene Jahr Ihres Lebens zurückblicken, sich erinnern, was Sie erreicht haben und sich auf Gründe zum Feiern konzentrieren. Dieser erste Schritt ermöglicht es Ihnen, Ihre Sicht vom letzten Jahr und von sich selbst auszubalancieren. Es ist so leicht, sich die Enttäuschungen ins Gedächtnis zu rufen, in diesem Bereich sind unsere Erinnerungen äußerst lebhaft.

Wenn Sie Ihre Erfolge in der Vergangenheit betrachten, haben Sie die Chance, Ihr Selbstbild entsprechend anzupassen – und Ihre Erfolge und Enttäuschungen loszulassen, nachdem Sie etwas aus ihnen gelernt haben. Wenn Sie nach diesem Rückblick anfangen, ernsthaft über Ihre Zukunft nachzudenken, werden Sie merken, dass Sie tatsächlich fähig sind, sich neue Ziele zu setzen und diese auch zu erreichen.

Mehr als alles andere geht es darum, wieder an sich selbst zu glauben und auch den großen Herausforderungen des Lebens beherzter entgegenzutreten. Mit Ihrem gesunden Menschenverstand und Ihrer Intelligenz werden Sie zum Schmied Ihres persönlichen Glücks.

Lass kein Unkraut über deine Träume wuchern

Dieser Satz aus H. Jackson Browns *Life's Little Instruction Book* gehört zu meinen Lieblingszitaten und erinnert mich immer an Menschen, die versucht haben, ihre Ziele zu verwirklichen. Ich möchte Ihnen gern von einigen solcher Freunde und Klienten erzählen, von Menschen, die den Mut und die Disziplin aufbrachten, das Leben in die Hand zu nehmen.

Vielleicht klingt es ein bisschen glatt und einfach, wenn man das Leben auf solche kurzen «Erfolgsberichte» reduziert, aber versuchen Sie, sich klar zu machen, wie jeder dieser Menschen auf seine eigene Art beschlossen hat, etwas, das für ihn wichtig war, zu verändern.

- Ein sehr erfolgreicher Unternehmer Ende fünfzig wollte etwas Neues und Interessanteres beginnen, hatte aber ein schlechtes Gewissen seinem loyalen Angestelltenteam gegenüber, das er im Lauf der vergangenen zwanzig Jahre aufgebaut hatte. Außerdem machte er sich Sorgen, dass er es sich in seinem Alter eigentlich gar nicht erlauben könnte, noch einmal von vorn anzufangen. Sein Ziel lautete folgendermaßen: «Anfang nächsten Jahres will ich aus meinem jetzigen Unternehmen aussteigen und mit etwas Neuem anfangen.»
  Er fand einen Nachfolger, dem er vertraute, arbeitete ihn ein, übergab ihm das Unternehmen und ließ die Angestellten in seiner Obhut. Jetzt, da er den Schritt gewagt und sein neues Projekt begonnen hat, ist er voller Energie und Enthusiasmus.
- Eine Frau, die ihr bisheriges Leben damit verbracht hatte, für ihre fünf Kinder zu sorgen und die Karriere ihres Mannes zu unterstützen, sehnte sich danach, sich selbst zu verwirklichen und kreativer zu leben. Aber sie hatte schon vor langer Zeit das Vertrauen in ihre Fähigkeit verloren, etwas für sich zu finden. Ihr Ziel war: «Ich will etwas machen, wo ich meinen Sinn für Mode und Stil zum Ausdruck bringen kann.»
  Es dauerte eine Weile, bis sie herausfand, was sie anfangen sollte. Aber schließlich eröffnete sie einen Laden, in dem sie Schmuck und Kleidung verkaufte, die ihr gefielen.

- Eine talentierte Journalistin und allein erziehende Mutter verdiente ein geringes Honorar mit Fernsehkritiken für eine überregionale Zeitung. Zudem bereiteten ihr hohe Schulden und wachsende innere Unruhe Sorgen. Ihr wurde klar, dass sie nie gern Dinge getan hatte, die ihr Angst einjagten, und jetzt hatte sie Angst, das zu tun, was sie sich am meisten wünschte. Ihr Ziel: «Ich will einen Beruf ergreifen, der mir Spaß macht und in dem ich nicht unter meinem Wert bezahlt werde.»
  Entschlossen und klug begann sie ihre persönliche Änderung. Es passierte nicht über Nacht, aber sie arbeitete unbeirrt und gewissenhaft daran. Heute ist sie eine erfolgreiche Autorin und arbeitet zur Zeit an ihrem sechsten Buch.
- Eine junge Frau hatte ihren Job als Krankenschwester aufgegeben, um als Kauffrau mehr Geld zu verdienen und ihre Fähigkeiten besser einsetzen zu können. Doch schon am Ende des ersten Jahres in ihrem neuen Beruf hatte sie ihr Verkaufsziel nicht erreicht. Sie befürchtete, dass sie ihren Job verlieren würde, da ihre Firma von der Verschlechterung der Wirtschaftssituation betroffen war. Ihr Ziel lautete: «Dieses Jahr werde ich den großen Durchbruch schaffen!»
  Obwohl das folgende Jahr das härteste war, das ihre Firma je erlebt hatte, begann sie sich mit anderen Augen zu sehen und Dinge zu tun, die sie sich vorher nie zugetraut hätte. Am Ende des Jahres hatte sie ihr Verkaufsziel mit Leichtigkeit bewältigt und wurde zur Verkäuferin des Jahres gewählt. Sie wurde als Kundendienstchefin des Unternehmens vorgeschlagen und setzte dieselben Fähigkeiten, die sie einst zu einer guten Krankenschwester gemacht hatten, nun beim Umgang mit Menschen in einem geschäftlichen Rahmen ein.

Hinter jeder dieser erfolgreichen Personen steckt ein ganz normaler Mensch, der den Mut aufgebracht hat, aktiv zu werden – sich den großen Herausforderungen seines Lebens zu stellen und seine Träume zu verwirklichen. Diese Leute fanden die innere Kraft, sich nicht mehr in Sorgen und Probleme zu verstricken, sondern den Fokus auf das Ziel zu richten, das sie erreichen wollten. Sie nahmen sich die Zeit, vom Trubel des Lebens mit all seinen Problemen Abstand zu gewinnen und ihre Aufmerksamkeit auf die Umsetzung ihres Ziels zu richten. Und sie vermieden die typischen Fallstricke – Erklärungen, Klagen und Ausflüchte –, sodass sie unbeirrt auf ihr Ziel zustreben konnten.

Opfer äußerer Umstände

Gelegentlich ist es uns ganz recht, uns als Opfer der Umstände zu sehen oder anderen die Schuld für unsere Untätigkeit zu geben. Manchmal können die äußeren Gegebenheiten tatsächlich schwierig sein, aber wenn wir uns in die Rolle des Opfers begeben, werden wir gänzlich machtlos. Ich selbst konnte viele Jahre lang kein Buch schreiben, weil ich mir einredete, andere Leute oder bestimmte Umstände würden mich daran hindern.

Es gibt immer eine Person oder eine bestimmte Konstellation, der wir die Schuld zuschieben können. Diese Haltung kann zur Gewohnheit werden, und manchmal ist es nicht leicht, sie wieder aufzugeben. Erst gestern fragte ich meine Freundin Mary, was sie am kommenden langen Wochenende vorhabe. Sie antwortete: «Ich fahre aufs Land zu meiner Tante und ihrer Familie. Laut Wetterbericht soll es schön werden, aber bei meinem Glück wird es wahrscheinlich regnen.» Welches Glück? Was behauptet sie da? Es ist doch verrückt, sich mit selbstzerstörerischer Genugtuung in solchen Behauptungen zu suhlen, wenn der Lohn weiter nichts ist als die Bestätigung, sagen zu können: «Siehst du wohl!», oder: «Ich hab's doch gleich gesagt!»

Die Alternative zur Opferrolle sieht so aus, dass wir innerlich stärker werden und anfangen, die Verantwortung für unser Leben zu übernehmen. Dies ist nicht immer einfach. Die Bestandsaufnahme in diesem Buch ist ein möglicher Weg, wie Sie persönlichen Erfolg und Erfüllung erreichen.

Ein chinesisches Sprichwort lautet: «Wenn wir die Richtung nicht ändern, kommen wir höchstwahrscheinlich dort an, wo wir hingehen.»

Sind Sie bereit?

Je mehr Sie sich schon zu Beginn der Standortbestimmung Ihrer selbst gewahr sind, umso erfüllender wird das Resultat sein. Beantworten Sie die folgenden Fragen so ehrlich Sie können.

Mein bisheriges Leben

Kreuzen Sie R für richtig oder F für falsch an, je nachdem, ob die Behauptung für Sie eher zutrifft oder nicht.

R F Ich habe mir in meinem Leben immer wieder Ziele gesetzt und erreicht.

R F Wenn ich es mir richtig überlege, bin ich stolz auf das, was ich bisher erreicht habe.

R F Obwohl ich mit vielem in meinem Leben zufrieden bin, fehlt mir irgendetwas, und ich möchte herausfinden, was es ist.

R F Ich weiß, dass ich noch nicht mein ganzes Potenzial nutze.

R F Ich erinnere mich, dass ich in der Vergangenheit trotz Rückschlägen weitergemacht und Dinge erreicht habe.

R F Ich weiß, dass ich das Vertrauen in mich im Lauf der letzten Jahre einige Male verloren habe, aber ich will nicht aufgeben.

R F Ich weiß, wenn ich wenigstens eines oder zwei der Ziele angehen würde, die mir am meisten bedeuten, wäre ich viel glücklicher.

R F Es fällt mir leichter, mich an meine Enttäuschungen zu erinnern als an meine Erfolge, und ich sehe, dass ich deswegen nicht mehr so stark an mich glaube wie früher.

R F Es macht mir zu schaffen, dass ich zwar ausgeprägte persönliche Überzeugungen und Wertvorstellungen habe, mein bisheriges Leben diese aber nicht in dem Maße widerspiegelt, wie ich es mir wünsche.

Sie müssen kein Mathematikgenie sein, um sich auszurechnen, dass Ihre Chancen, Pläne zu schmieden und zu verwirklichen, umso größer sind, je häufiger Sie R angekreuzt haben. Wie viele Rs waren es bei Ihnen?

Persönliche Überzeugungen und Wertvorstellungen

Lesen Sie die folgenden Behauptungen:

- Ich bin für mich und für das, was mir geschieht, verantwortlich.
- Obwohl ich einen gewissen Widerstand gegenüber dieser Idee verspüre, ist mir klar, dass selbst ein bisschen mehr Disziplin eine Menge in meinem Leben ändern könnte.
- Ich glaube, es ist alles möglich, wenn man es sich nur richtig in den Kopf setzt.
- «Was wir säen, das werden wir auch ernten», oder: «Wie man in den Wald hineinruft, schallt es auch heraus.»
- Eine positive Einstellung ist wichtig für meinen Erfolg.
- Es ist klug, Hilfe zu suchen, wenn ich sie brauche.
- Es ist in Ordnung, wenn ich Fehler mache, denn es zeigt, dass ich es zumindest versucht habe.
- Je erfolgreicher ich bin, desto wichtiger ist es, etwas davon an andere weiterzugeben.
- Das Glück der Menschen, die ich liebe, bedeutet mir viel.
- Es ist sehr wichtig für mich, nach meinen persönlichen Überzeugungen und Wertvorstellungen zu leben.

Selbstverständlich sind diese Aussagen persönlicher Natur, und es gibt keine richtigen oder falschen Antworten. Aber ich glaube Leute, die erfolgreich und zufrieden sind, würden die meisten der Aussagen unterschreiben. In erster Linie kommt es darauf an, dass Sie sich überlegen, an was *Sie* glauben und worauf *Sie* Wert legen.

Das Gefühl, dass etwas fehlt, entsteht dann, wenn Sie vom Kurs abgekommen sind, der von Ihren Überzeugungen und Werten bestimmt wird.

Was die meisten Menschen weit mehr motiviert als materieller Erfolg und Anerkennung, ist der Wunsch, sich selbst treu zu sein und sein Leben so zu leben, dass die persönlichen Werte und Überzeugungen zum Ausdruck kommen.

Bekannte Ausflüchte und Entschuldigungen

Überprüfen Sie die folgenden Ausreden, die Sie in der Vergangenheit vielleicht selbst gelegentlich gebraucht haben.

Ich will ja eigentlich etwas ändern, aber ich kann nicht, denn ...

- Ich möchte mir verschiedene Möglichkeiten offen halten.
- Man kann sowieso nichts mehr daran ändern.
- Mir selbst Ziele zu setzen und darüber nachzudenken, was ich will, ist egoistisch, die reinste Nabelschau.
- Wenn ich die momentane stressige Phase erst mal hinter mir habe, nehme ich mir Zeit, mit mir selbst ins Reine zu kommen.
- Es ist langweilig zu wissen, wohin man geht und was als Nächstes passiert.
- Wenn ich mich auf ein bestimmtes Ziel fixiere, verpasse ich andere spannende Gelegenheiten, die vielleicht auftauchen.
- Dafür bin ich zu alt.
- Das ist mir alles zu viel.

Jeder kennt solche Ausflüchte. Die Herausforderung besteht darin, sich bewusst zu machen, wann man solche Ausreden gebraucht und nicht das tut, was nötig ist, um weiterzukommen. Besonders gefährlich sind die Behauptungen, die Ihnen als wahr erscheinen und nicht nur als Ausflüchte. Genau diese haben die Macht, Sie von Ihren Zielen abzuhalten.

Wie motiviert sind Sie?

Schätzen Sie sich selbst auf einer Skala von 1 bis 10 ein, wobei 10 den höchsten Wert darstellt. Inwieweit treffen die folgenden Fragen auf Sie zu:

_______ Es ist mir sehr wichtig, in meinem Leben positive Veränderungen vorzunehmen.

_______ Es erscheint mir sinnvoll, ein Jahr vorauszuplanen und mir selbst Ziele zu setzen. Ich bin bereit, es zu versuchen.

_______ Diesmal nehme ich mir fest vor, das zu tun, was mir wichtig ist.

_______ Ich weiß, was ich tun muss, um mein Leben zu verändern.

_______ Es ist mir wichtig, nach meinen persönlichen Überzeugungen und Wertvorstellungen zu leben.

_______ Ich bin bereit, mich auf diese Bestandsaufnahme einzulassen.

_______ Es gibt Menschen, die davon profitieren würden, wenn ich mir die Zeit nehme, mein nächstes Jahr zu planen.

_______ Obwohl ich vor der Konfrontation mit manchen meiner Probleme Angst habe, bin ich dazu bereit.

_______ Ich will meine Fähigkeiten und meine Intelligenz umfassend und mutig nutzen.

_______ Nächste Woche nehme ich mir drei Stunden Zeit und beantworte die zehn Fragen dieses Workshops. Egal, was passiert.

_______ Gesamtergebnis

Berechnen Sie den Gesamtpunktwert Ihrer Motivation und sehen Sie in der folgenden Tabelle nach, wo Sie stehen.

90–100 Punkte Herzlichen Glückwunsch! Gut möglich, dass Sie Ihr Leben grundlegend verändern werden.

70–89 Punkte Obwohl Sie vielleicht von Zeit zu Zeit Motivationsschwierigkeiten haben, können Sie sehr wohl auf dem Weg zu Ihren Zielen sein.

51–69 Punkte Schwer zu sagen, was geschehen wird. Sie sind nicht ganz sicher, ob Sie wirklich bereit sind, das Steuer zu übernehmen.

Wenn Ihre Punktzahl unter 50 liegt, haben Sie sich selbst mitgeteilt, dass Sie nicht bereit sind, für sich das meiste aus diesem Buch herauszuholen. Sie können entweder Ihre Einstellung ändern oder warten, bis Sie sich zuversichtlicher fühlen. Bei denjenigen, die bei der letzten Frage zehn Punkte eingesetzt haben, ist die Chance auf Erfolg am größten.

Nehmen Sie's in Angriff!

In den über fünfundzwanzig Jahren, in denen ich jetzt im Ausbildungsbereich arbeite, habe ich festgestellt, dass es einen großen Unterschied gibt zwischen denen, die erfolgreich etwas verändern, und denen, die daran scheitern: Diejenigen, die es schaffen, sind diejenigen, die das Leben in die Hand und Hürden in Angriff nehmen.

Sie haben eine Idee und denken darüber nach, sie haben das Gefühl, etwas könnte funktionieren, und leiten die nötigen Schritte ein, um es auch auszuprobieren. Sie schlagen einen Weg ein und bringen die Disziplin auf, das, was sie gelernt haben, in die Praxis umzusetzen. Sie haben eine Vorstellung oder eine Idee, die ihnen zusagt, und fangen an, diese in ihr Leben zu integrieren. Sie hören von einer Meditation, die ihr Stressniveau senken und ihnen helfen könnte, sich besser kennen zu lernen, und sie nehmen sich die Zeit, es auszuprobieren. Sie *tun* es einfach.

Wenn Sie zu diesen Menschen gehören, können Sie jetzt gleich zu Teil drei weiter blättern, wo Sie den Workshop finden. Wenn Sie Lust haben, machen Sie sich eine Tasse Kaffee oder gießen Sie sich ein Glas Wein ein und fangen Sie an, Ihre Antworten aufzuschreiben. Drei Stunden später wissen Sie genauer, wohin Sie gehen, und sind motiviert, ihre Ziele in Angriff zu nehmen.

Nach Stephen Covey zeichnen sich hoch effektive Menschen in erster Linie dadurch aus, dass sie *proaktiv* sind. Mit anderen Worten, statt das Leben vorüberziehen zu lassen, nehmen sie es in die Hand.

Manche Leute sind dafür geboren, Dinge einfach anzupacken – sie sind mit einem starken inneren Antrieb oder Drang zum Erfolg auf die Welt gekommen und bewegen sich stets mit voller Kraft voraus. Aber die meisten Menschen müssen bewusst gewisse Schritte unternehmen, um das eigene Leben zu gestalten. Auch wenn Sie nicht zu den Leuten gehören, denen das Handeln in die Wiege gelegt wurde, sind Sie noch lange nicht aus dem Rennen. Sie haben in Ihrem Leben schon viel erreicht, und Sie wissen das zu schätzen. Um dieses Buch möglichst gut zu nutzen, brauchen Sie bloß die Disziplin, sich hinzusetzen und die Antworten auf die zehn Fragen aufzuschreiben.

Die Wahrheit ist: Sie wissen schon eine ganze Menge darüber, was Sie tun müssen, um Ihr Ziele zu erreichen – wahrscheinlich mehr als Sie denken.

Wenn Sie die zehn einfachen, aber wirkungsvollen Fragen beantworten, können Sie eine Menge über sich selbst lernen, darüber, wie Sie Ihre Vorsätze verwirklichen und wie Sie sich selbst Steine in den Weg legen. Allmählich werden Sie sehen, wie Sie ein erfülltes Leben aufbauen können, und schon bald werden Sie sich auf die bevorstehende Zeit freuen.

Wenn Sie zu der Entscheidung gekommen sind, dass Sie zu der Standortbestimmung bereit sind, dann wenden Sie sich jetzt gleich der Beantwortung der zehn Fragen zu. Wenn Sie ein eher bedächtiger Mensch sind und einen besonnenen Ansatz bevorzugen, dann lesen Sie weiter in Teil zwei. In diesem Buch geht es nicht um Patentlösungen oder um Wunder. Wenn Sie das Gefühl haben, dass Sie bestimmte Dinge verändern möchten, und wenn Sie beim Motivationstest ein gutes Ergebnis erzielt haben, dann ist für Sie der richtige Zeitpunkt für eine Bestandsaufnahme gekommen. Nehmen Sie's in Angriff!

ZWEITER TEIL

Die zehn Fragen zum besten Jahr

FRAGE EINS

Was habe ich bisher erreicht?

Das Selbstwertgefühl zu stärken, ist ganz leicht.
Tun Sie einfach Gutes und erinnern Sie sich öfter daran.
JOHN ROGER

Die gute Nachricht

Niemand sieht Ihnen zu. Fangen Sie an aufzuzählen, was Sie gut an sich finden. Vielleicht hat niemand bemerkt, wie gut Sie in einem bestimmten Augenblick waren, niemand außer Ihnen selbst. Notieren Sie sich ein paar Situationen, auf die Sie stolz sind. Hier ein paar Beispiele von möglichen Erfolgen:

- Haben Sie einen neuen Job angefangen oder eine Beförderung bekommen? Haben Sie in Ihrem Job besser gearbeitet? Wofür haben Sie ein Schulterklopfen verdient?
- Sind Sie in eine neue Wohnung umgezogen? Haben Sie die alte renoviert? Haben Sie eine Menge altes Zeug rausgeschmissen? Haben Sie Sachen zur Wiederverwertung gebracht?
- Wie hoch war Ihr Einkommen im letzten Jahr? Haben Sie einen Teil Ihrer Schulden abbezahlt? Haben Sie etwas auf Ihr Sparkonto eingezahlt oder investiert?
- Haben Sie geheiratet? Ein Kind bekommen? Hatte eins Ihrer Kinder ein gutes Jahr? Haben Sie ihm geholfen, wenn es Probleme hatte?

- Treiben Sie mehr Sport als früher? Sitzen Ihre Kleider ein wenig lockerer? Haben Sie angefangen, sich gesünder zu ernähren?
- Hatten Sie im letzten Jahr mehr Kontakt zu alten Freunden? Haben Sie neue Freundschaften geschlossen? Waren Sie für Ihre Freunde ein besserer Freund, eine bessere Freundin?
- Haben Sie angefangen, mehr Dinge zu tun, die Ihnen Spaß machen? Waren Sie im Konzert? Im Theater? Im Kino? Haben Sie gelesen?
- Halten Sie besseren Kontakt zu Familienmitgliedern und Freunden?

Selbst wenn nicht all diese Fragen Erinnerungen an Ihre besten Momente heraufbeschwören – zwingen Sie sich, an Ihre Erfolge zu denken und an Situationen, in denen Sie stolz auf sich waren. Schreiben Sie sie auf. Eigenlob ist ausdrücklich erlaubt.

Wenn Sie Ihre Leistungen feiern, tun Sie sich selbst etwas Gutes und motivieren sich zusätzlich.

Sie müssen nichts erfinden, sondern nur zur Kenntnis nehmen, was Sie tatsächlich geleistet haben, und dann eine Liste mit den positiven Dingen aus dem vergangenen Jahr anlegen. Denken Sie an die wichtigen Ereignisse, aber gehen Sie auch weiter – alles zählt, groß und klein.

Nutzen Sie diese Übung, um sich Ihrer inneren Stärke, die Sie Tag für Tag über die Runden bringt, gewiss zu werden. Vielleicht ist das anfangs ein bisschen unangenehm, denn die meisten Menschen erinnern sich eher an ihre Fehler und Misserfolge und klopfen sich ungern selbst auf die Schulter. Diese Übung geht weit über bloßes «positives Denken» hinaus. Beim positiven Denken werden allzu oft nur die Risse übertüncht, statt der Wirklichkeit ins Gesicht zu blicken. Seien Sie beim Beantworten dieser ersten Frage absolut ehrlich mit sich. Niemand braucht je zu sehen, was Sie geschrieben haben, also können Sie Ihre Hemmungen über Bord werfen. Bleiben Sie nicht bei den Problemen stecken, vergessen Sie Ihre Triumphe nicht! Wenn Sie an die guten Dinge denken, sind Sie viel motivierter, Ihre Zukunftspläne Wirklichkeit werden zu lassen.

Natürlich wäre es wunderbar, wenn andere bemerkten, wie gut Sie sind und wie viel Sie leisten. Aber in einer solchen Welt leben wir nun mal nicht. Also machen Sie den ersten Schritt und nehmen Sie selbst Ihre Leistungen zur Kenntnis.

Warum mit einem Rückblick auf Erfolge anfangen?

Die erste Frage führt Sie in eine positive Richtung und gibt Ihnen eine Chance, Ihre Selbstwahrnehmung und das, was Sie im letzten Jahr geleistet haben, neu abzuwägen. Nur sehr selten gehen wir tatsächlich auf Abstand und denken darüber nach, was wir an einem bestimmten Tag erreicht haben, ganz zu schweigen von einem ganzen Jahr. Nehmen wir an, Sie haben sich für einen Tag zehn Punkte vorgenommen und am Ende des Tages haben Sie acht der zehn erreicht. Sagen Sie sich dann: «Gut gemacht!» Oder wenigstens: «Das war gar nicht so übel?» Schön, wenn Sie es tun, aber die meisten Menschen haben ein schlechtes Gewissen, weil sie Nummer neun und zehn nicht bewältigt haben. Unser Bewusstsein wird von der schlechten Nachricht, von den Dingen, die wir nicht geschafft haben, in Beschlag genommen. Unser Selbstwertgefühl sinkt, und als Folge davon freuen wir uns oft nicht besonders auf den nächsten Tag.

Wir leben in einer Welt, in der die Menschen nach diesem Muster existieren, und das ist ansteckend. Wohlmeinende Freunde und Verwandte haben vielleicht eine negative Weltsicht, und da ist es natürlich peinlich, wenn man so positiv und optimistisch daherredet. Man bläut uns ein, dass sich Zeitungen mit schlimmen Nachrichten besser verkaufen, dass Horrormeldungen für hohe Einschaltquoten sorgen. Wir leben in einer Kultur, die sich auf die schlechten Nachrichten stürzt, deshalb ist es leicht, sich diesem Trend anzuschließen.

Selbstverständlich geht es mir nicht darum, dass wir mit stolzgeschwellter Brust durch die Gegend laufen und jedem zu verstehen geben: «Ich bin der Größte.» Aber wir müssen aufhören, uns mit dieser völlig aus dem Gleichgewicht geratenen Selbstwahrnehmung das Leben schwer zu machen; sie raubt uns wichtige Energien und zerstört unseren Glauben an uns selbst. Der Preis dieser negativen Konditionierung ist enorm. Was motiviert Sie mehr – Kritik oder ein Kompliment? Für welchen Chef möchten Sie lieber arbeiten – für einen, der Sie dauernd auf Ihre Fehler aufmerksam macht, oder für einen, der merkt, was Sie gut machen?

Selbstverständlich wollen wir, dass man uns sagt, wo wir besser werden müssen oder wo wir unter dem Standard geblieben sind. Ein Chef, der das nicht tut, wäre fehl am Platz. Doch nur mit einem gesunden Selbstwertgefühl gehen wir morgens mit all unserer Motivation an die Arbeit und freuen uns, Pläne zu schmieden und zu verwirklichen.

Bewusstheit trägt ihren Lohn in sich. Wenn Sie Ihre Aufmerksamkeit auf das richten, was Sie in der Vergangenheit tatsächlich erreicht haben, trauen Sie sich schon bald mehr zu, und Sie werden sich wieder Ihrer Fähigkeit bewusst, Dinge zu verwirklichen.

Die meisten Leute sind, wenn Sie die erste Frage beantwortet haben, angenehm überrascht, wie viel sie im letzten Jahr erreicht haben. Statt ein paar magere Erfolge im weiten Feld der Fehlschläge zu finden, ist oft genau das Gegenteil der Fall. Genau deshalb beginnen wir an diesem Punkt: Damit Sie Erfahrung machen und aus dieser Perspektive Energie und Motivation schöpfen.

Diese Übung hilft Ihnen, die Vergangenheit in einem neuen

positiven Licht zu sehen. Ihre Leistungen sind der beste Beweis dafür, dass Sie sehr wohl Ihre eigene Zukunft gestalten und das Leben in die Hand nehmen können.

Deshalb beginnt die Bestandsaufnahme mit einem Schulterklopfen.

Der Produktivitätszyklus

Ich mag anschauliche Beispiele, um Ideen zu verdeutlichen und wichtige Lektionen im Gedächtnis zu behalten. Die Abbildung der beiden Produktivitätszyklen veranschaulicht den Fluss der drei beziehungsweise vier Aktivitätsphasen, angefangen bei dem Moment, in dem wir zum ersten Mal daran denken, etwas Bestimmtes zu tun, bis zu dem Augenblick, wenn wir es zu Ende gebracht haben.

Das erste Segment ist der Anfang, das Stadium, in dem wir eine Idee haben und beschließen, sie auszuführen.

Das zweite Segment umfasst den längsten Zeitabschnitt – es ist die Phase, in der wir all das tun, was nötig ist, um die Idee Schritt für Schritt in die Tat umzusetzen.

In der dritten Phase geht es darum, das Projekt abzuschließen oder die Idee ins Reifestadium zu bringen. Wir verknüpfen die letzten losen Enden, damit wir sagen können: «Das war's, ich hab's geschafft! Fertig.»

Die vierte Phase besteht aus einem Rückblick, einer Auswertung dessen, was man erreicht hat.

Oft bleiben wir in einem der ersten drei Segmente stecken. Manche kommen nicht über die Startlinie hinaus. Sie haben jede Menge Ideen, aber sie schaffen es selten, eine davon wirklich anzupacken oder in Ruhe zu entscheiden, welche nicht der Mühe wert sind und gleich verworfen werden können. So existieren diese Ideen irgendwo im Hinterkopf und verursachen ein schlechtes Gewissen.

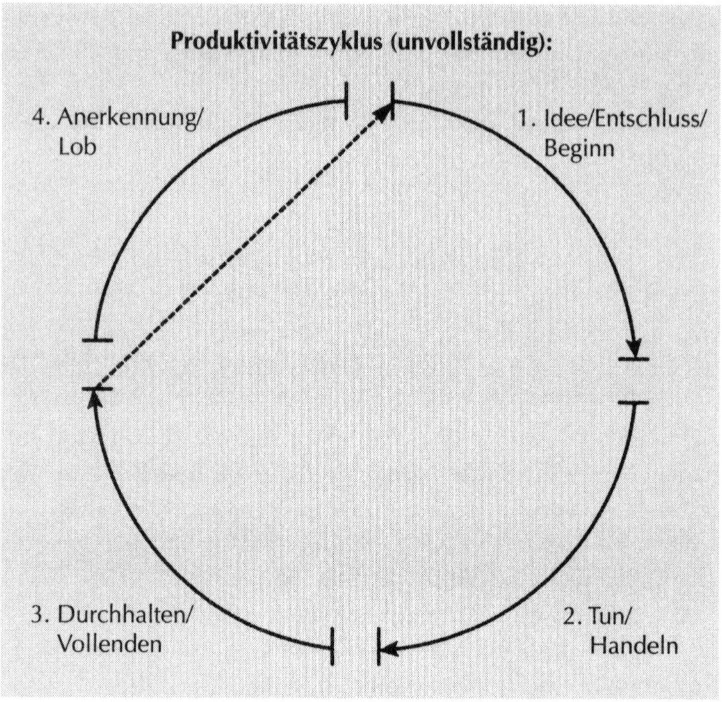

Manche bleiben in der zweiten Phase stecken, sie bringen ein Projekt weder zu Ende noch gehen sie zurück ans Reißbrett, um einen neuen Ansatz zu probieren. Ob Sie zu dieser Gruppe gehören, können Sie leicht an den Stapeln mit Papieren, Post, Zeitschriften und Büchern feststellen, die bei Ihnen zu Hause herumliegen.

Wenn Sie zu denen gehören, die im dritten Segment abbremsen, dann haben Sie Schwierigkeiten, etwas zu vollenden. Demzufolge gibt es viele unvollendete Projekte in Ihrem Leben. Vielleicht haben Sie mit viel Schwung ein Buch oder einen Pullover angefangen, vielleicht wollten Sie Ihr Auto oder Ihren Schreibtisch aufräumen, vielleicht wollten Sie Ihre Wohnung neu streichen… Aber haben Sie in letzter Zeit etwas wirklich zu Ende gebracht?

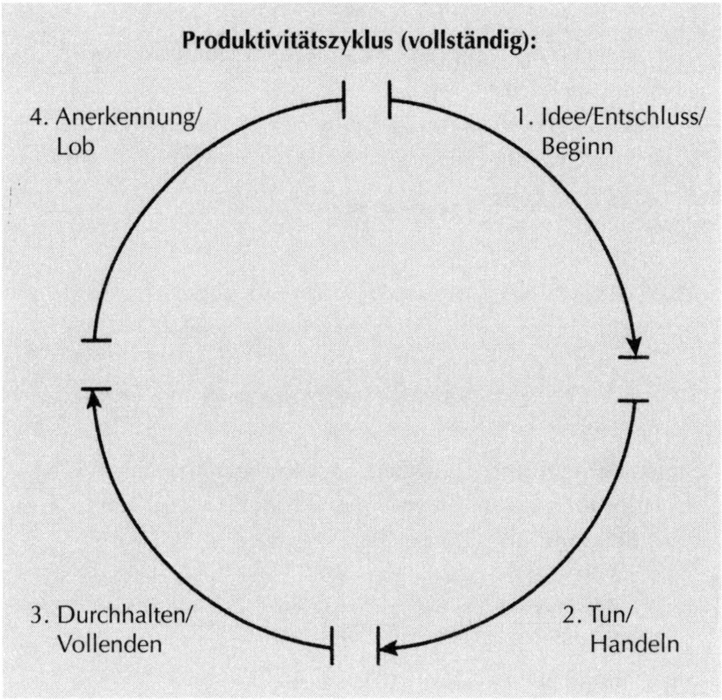

Das Wichtigste, was wir aus dem Produktivitätszyklus lernen können, geschieht im vierten Segment. Viel zu viele von uns gehen einfach direkt vom Ende des dritten Segments zurück an die Startlinie, ohne Pause für Anerkennung und Schulterklopfen, ohne zurückzublicken, ohne darüber nachzudenken, was passiert ist, ohne etwas daraus zu lernen. Wir sind schon längst beim nächsten Projekt, das noch in Planung oder noch nicht fertig ist. Irgendwann merken wir, dass unser Reservetank leer ist. Denn wir haben vergessen, bei der Tankstelle zu halten und mit Stolz auf das Erreichte zurückzublicken.

Dieses Modell ruft uns in Erinnerung, dass wir uns Zeit nehmen müssen, um anzuerkennen, was wir geleistet und erreicht haben. Wenn wir dann das nächste Mal an der Startlinie stehen – ob es nun um eine große Herausforderung geht oder nur um die Routine von morgen –, werden wir energisch, positiv und motiviert sein.

Lob und Anerkennung für das, was Sie geleistet haben, sind unendlich wichtig. Sie fühlen sich stark und motiviert, und haben weniger das Bedürfnis, sich zu beweisen, in der Hoffnung, dass irgendjemand bemerkt, wie großartig Sie sind.

Sonnen Sie sich ruhig ein wenig in Ihrem Erfolg.

Erfahrungen von anderen

Hier das Beispiel einer Frau, die ein schwieriges Jahr hinter sich hat, aber einige ihrer Erinnerungen dennoch als Erfolge einstufen kann. Sie hat Frage eins folgendermaßen beantwortet:

Was habe ich erreicht?

1. Mindestens zweihundertmal Essen für meine Familie gekocht.
2. Nicht zugenommen – wenigstens das!
3. Bei der Arbeit eine gute Beförderung bekommen.
4. Zehn Romane und fünf anspruchsvolle Sachbücher gelesen.
5. Sarahs Zimmer renoviert.
6. Das Haushaltsbudget eingehalten und über tausend Dollar eingespart.
7. Schreibmaschine schreiben gelernt.
8. Mich um die Hausarbeit gekümmert und gearbeitet, obwohl ich oft erschöpft war.
9. Positiver mit den Kindern umgegangen, sie mehr unterstützt.
10. Keinen Wutanfall bekommen, als unser Urlaub ins Wasser fiel.
11. Öfter mal Freunde eingeladen.
12. Jeden Monat die Kreditkarte ausgeglichen.

Viele meiner Klienten konnten sich sogar nach harten Jahren in Erinnerung rufen, wie gut sie ihre Sache – unter widrigsten Umständen! – gemacht hatten. Also stuften sie das Jahr als gut ein – wegen des persönlichen Wachstums, das sie erreicht hatten, indem sie umdachten, neue Fähigkeiten lernten und sich so mit neuen Gegebenheiten auseinander setzten.

Nach einem schwierigen Jahr ist es sogar noch wichtiger, daß Sie Ihre Leistungen anerkennen und würdigen. Konzentrieren Sie sich auf die positiven Seiten. Die Herausforderung liegt darin, das Leben in Dankbarkeit zu leben, statt sich zu beklagen.

FRAGE ZWEI

Welches waren meine größten Enttäuschungen?

Fehler sind die Pforten der Entdeckung.
JAMES JOYCE

Die schlechte Nachricht

Was hat Sie im vergangenen Jahr am meisten enttäuscht? Nehmen Sie Ihren Stift zur Hand und schreiben Sie alles auf. Denken Sie an die Momente, in denen Sie von sich selbst enttäuscht waren, weil Sie *nicht* das getan haben, was Sie sich erhofft hatten. Erinnern Sie sich auch an Situationen, in denen andere nicht das getan haben, was Sie von ihnen erwartet hatten.

- Welche Träume sind nicht in Erfüllung gegangen?
- Welche Erwartungen haben sich nicht erfüllt?
- Haben Sie sich eine Lohnerhöhung gewünscht? Eine Beförderung? Einen neuen Job?
- Haben Sie sich vorgenommen, Ihre Schulden loszuwerden und sind statt dessen nur noch tiefer reingerutscht?
- Haben Sie gehofft, sich in jemanden zu verlieben?
- Haben Sie sich ein Kind gewünscht?
- Haben Sie durch Trennung oder Tod einen geliebten Menschen verloren?

- Sitzen Ihre Kleider noch genauso eng oder sogar noch enger? Haben Sie ein Fitnessprogramm angefangen, aber schleifen lassen und fühlen sich jetzt deshalb schlecht?
- Haben Sie sich einen wundervollen Urlaub ausgemalt, der nie zustande gekommen ist?
- Wollten Sie mit einer Weiterbildung oder einem Freizeitkurs beginnen?
- Wollten Sie sich mehr Zeit für sich nehmen? Mehr lesen? Meditieren? Malen? Schreiben? Denken? In die Luft starren?
- Was noch?

Dies alles aufzuschreiben hat mehr Sinn, als Sie sich vielleicht vorstellen. Auch wenn es einem erst einmal so vorkommt, als sollte man Gedanken an Enttäuschungen lieber vermeiden, empfinden viele Menschen es eher als Erleichterung, Enttäuschungen bewusst zu verarbeiten, statt diese zu verdrängen.

Ehrlichkeit sich selbst gegenüber kann ausgesprochen erleichternd sein. Für eine persönliche Standortbestimmung ist Offenheit unentbehrlich.

Wir haben gesehen, dass manche Menschen sich mit ihren Misserfolgen wesentlich wohler fühlen als mit ihren Erfolgen. Manche haben vielleicht das Gefühl, dass die Antwort auf die zweite Frage die *wirkliche* Geschichte ihres Lebens ist, während die Erfolge immer ein bisschen gemogelt erscheinen. Während Sie beim Beantworten der ersten Frage über Ihre Leistungen vielleicht Ihr Unbehagen überwinden und sich selbst gratulieren mussten, müssen Sie sich jetzt aber vor einer weiteren Falle in Acht nehmen: Ich habe fünf Erfolge auf meiner Liste, aber achtzehn Enttäuschungen! Da sieht man es doch – ich bin ein Versager! Die Anzahl Erfolge und Enttäuschungen ist vollkommen unwichtig.

Denken Sie darüber nach. Kennen Sie jemanden, der jedes Ziel erreicht, das er sich gesetzt hat? Kennen Sie jemanden, der jemanden kennt, auf den diese Beschreibung zutrifft? Haben Sie von jemandem gelesen oder gehört, der ohne Misserfolg und Enttäuschung gelebt hat? Nein. Üben Sie deshalb etwas Nachsicht mit sich selbst.

Was passiert, passiert. Kontrollieren Sie lediglich
Ihre Reaktion auf das, was passiert.

Überflüssiges Gepäck

Wenn Sie sich von dem Gefühl des Versagens oder gar der Hoffnungslosigkeit herunterziehen lassen, tragen Sie eine überflüssige Last mit sich herum. Sie brauchen dieses Extragepäck nicht, im Gegenteil. Es schadet nur, denn es macht das Leben schwer und raubt einem die Möglichkeit, sich so schnell und geschmeidig zu bewegen, wie man gerne möchte – genau so, als würde man ein paar schwere Koffer mit sich herumschleppen.

Niemand anderes kann unser überflüssiges Gepäck sehen, trotzdem gehen wir oft unbewusst von der Annahme aus, dass alle unsere Enttäuschungen wahrnehmen. Dabei sieht niemand den Film, der in Ihrem Kopf abläuft, mit all den Verzerrungen, die Sie selbst hineingepackt haben. Niemand kennt Ihre Version der Geschichte, und diejenigen, die sie kennen, sind wahrscheinlich viel gnädiger und nachsichtiger als Sie selbst.

Bestimmt haben Sie es selbst schon erlebt, dass Freunde oder Kollegen über ihre Misserfolge gejammert oder sich beklagt haben, wie schwer es ist, das zu bekommen, was sie wollen? Fällt es Ihnen manchmal sogar schwer, Mitgefühl zu zeigen, weil Sie nicht verstehen, warum der Betreffende nicht einfach hingeht und etwas unternimmt? Vielleicht sehen Sie ihn als kompetenten und fähigen Menschen und können sich gar nicht erklären, was ihn eigentlich aufhält.

Das Hindernis, das effektiver ist als jede Backsteinmauer, ist das überflüssige Gepäck. Sie schleppen es in die Gegenwart und lassen zu, dass es Ihr Gefühl für die Möglichkeit der Zukunft beeinträchtigt.

Wir machen unsere Extralast noch schwerer durch negative Gefühle wie Wut, Hass, Reue oder Traurigkeit. Natürlich handelt es sich hierbei um verständliche und menschliche Reaktionen, aber wenn diese dazu führen, dass Sie sich weniger handlungsfähig oder gar als Opfer der Umstände fühlen, dann stecken Sie fest. Die Spirale nach unten beginnt und kann sich zu einer Bitterkeit entwickeln, die Ihren Charakter untergräbt und dazu verleitet, in trübselige Gedanken zu versinken.

Das Beste, was Sie für sich tun können, ist, dass Sie das Geschehene unter die Lupe nehmen und dann alles tun, um Ihre Erfahrung zu neutralisieren. Werfen Sie den Ballast der negativen Emotionen ab. Schonen Sie sich. Schleppen Sie nicht diese ganzen Wackersteine mit sich herum. Befreien Sie sich von Ihrer Last – und atmen Sie erleichtert auf.

Legen Sie den Negativfilter ab, durch den Sie die Welt und sich selbst sehen. Sie sind schon viel zu lange mit einer Brille auf der Nase herumgelaufen, die Sie dringend putzen müssten. Wenn Sie diese zweite Frage eingehend beantworten, hilft Ihnen das, klarer zu sehen und die Dinge so wahrzunehmen, wie sie sind.

Es ist wichtig, das Unkraut Ihrer Enttäuschungen und Fehlschläge auszurupfen. Natürlich können Sie Unkraut nicht vermeiden, aber wenn es da ist, muss es weggeräumt werden, damit Platz für etwas Neues entsteht. Wenn Sie Ihre Enttäuschungen analysie-

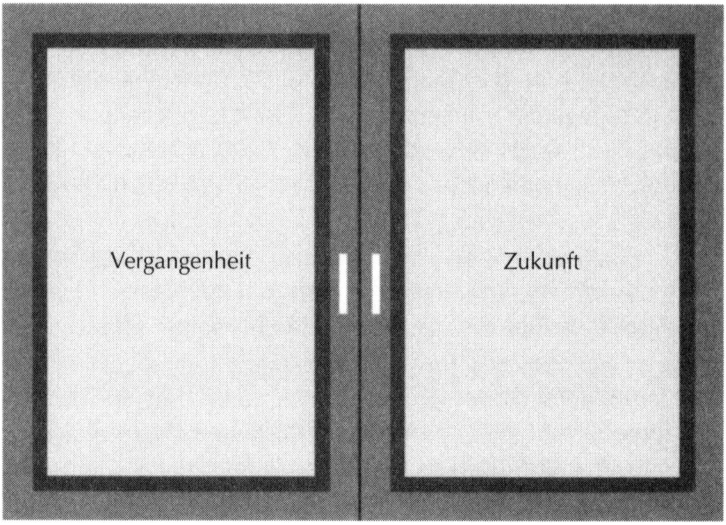

ren und sich dann von ihnen verabschieden, gelangen Sie an einen Punkt, von dem aus Sie motiviert neue Ziele in Angriff nehmen können.

Für die Zwecke dieser Bestandsaufnahme brauchen Sie niemandem von Ihren Misserfolgen zu erzählen, allerdings haben Sie vielleicht irgendwann das Bedürfnis, mit jemandem darüber zu sprechen. Manchmal genügt es auch, wenn man alles aufschreibt, damit man es los wird. In den zwanzig Jahren, in denen ich selbst diese Methode nun schon anwende, habe ich meine Liste von Enttäuschungen nie jemandem gezeigt, aber es hat eine Menge bewirkt, sie einfach nur zu Papier zu bringen.

Die Vergangenheit

Im Haus meiner Großmutter gab es zwischen dem Wohnzimmer und dem Esszimmer eine große Schiebetür. Wenn wir an den Messinggriffen zogen, rollten die beiden Türhälften aufeinander zu und trennten die beiden Räume.

Stellen Sie sich vor, Sie stehen vor dieser geschlossenen Tür. Links von Ihnen ist Ihre Vergangenheit, die rechte Türhälfte symbolisiert Ihre Zukunft. Oft betrachten wir unser Leben in dieser Art. Diese Betrachtungsweise lässt wenig Raum für den gegenwärtigen Augenblick – nur eine dünne Linie, kein Ausblick –, denn unsere Gedanken sind von der Vergangenheit und der Zukunft fast völlig in Anspruch genommen. Das Geheimnis des Glücks liegt darin, einen Spalt zwischen Vergangenheit und Zukunft zu öffnen und das Leben in der Gegenwart zu leben. Jedes Mal, wenn ich das schaffe, habe ich ein Gefühl von großer Freiheit und Bewegung. Aber wie macht man das? Wie können Sie Ihr schlechtes Gewissen betreffend der Vergangenheit und Ihre Sorgen bezüglich der Zukunft lange genug aus Ihrem Bewusstsein verbannen, dass Sie ein neues, gutes Gefühl von sich selbst in diesem Augenblick entwickeln? Einer meiner Lehrer hat oft gesagt: «Wenn Sie Auto fahren, sollten Sie die Hände vom Rückspiegel nehmen!»

Wenn Sie sich dabei ertappen, wie Sie über die Vergangenheit grübeln, und dies Ihr Selbstbild oder Ihren Glauben an Ihre Fähigkeit zu Veränderungen trübt, lassen Sie den Gedanken los und konzentrieren Sie sich auf das, was in diesem Augenblick geschieht.

Es gibt drei Möglichkeiten, mit den Enttäuschungen aus der Vergangenheit umzugehen:

1. Vergeben
2. Vergessen
3. Lernen

Sich selbst zu vergeben ist am schwersten. Aber Sie haben bestimmt Ihr Bestes getan. Vergeben Sie sich und zeigen Sie ein wenig Nachsicht. Um anderen wirklich vergeben zu können, müssen Sie ja auch nachsichtig sein.

Es gibt Fehlschläge und Enttäuschungen, die können wir einfach nicht vergessen. Wenn ich mir meine Liste ansehe, finde ich oft einen Punkt darauf, der mir eine lange Geschichte in Erinnerung ruft, etwas sehr Schwieriges und Schmerzliches. Aber was soll's? Es ist vorbei, und jetzt ist es nur noch eine Geschichte. Schon allein dadurch, dass Sie die Liste aufstellen und diese anschauen, befreien Sie sich von einem großen Teil negativer Emotionen, die mit den vermerkten Dingen einhergehen. Vielleicht sind Sie noch nicht in der Lage, bestimmte Misserfolge zu vergessen, aber Sie können Ihre Bitterkeit zumindest dadurch lindern, dass Sie die negativen Gefühle neutralisieren, die Sie ihnen angeheftet haben.

Loslassen

Wieder liegt der Sinn der zweiten Frage darin, unser Gefühl für uns selbst ins Gleichgewicht zu bringen und Raum für neue Möglichkeiten zu schaffen. Die Peitsche der Bitterkeit und des Bedauerns wegzuwerfen ist ein wichtiger Schritt. Meistens bilden diese beiden Empfindungen grundlegende Komponenten unserer Enttäuschungen.

Eine Methode, wie Sie Ihrem Gedächtnis hinsichtlich Ihrer Enttäuschungen auf die Sprünge helfen können, liegt darin, sich zu fragen: «Wen oder was hasse ich?» Es ist nicht leicht, sich Gefühle einzugestehen, die auf den ersten Blick kleingeistig und gemein erscheinen. Und es ist schwer, tief Luft zu holen und den Schmerz zuzulassen, den sie hervorrufen können. Aber die Chance, damit Enttäuschungen zu überwinden, ist die Mühe wert.

Wir sind die Schmiede unseres Glücks. Wenn wir von Enttäuschungen loslassen, sind wir bereits auf dem besten Weg zu mehr Erfolg, besserer Gesundheit und größerem allgemeinen Wohlbefinden.

Was bringt Ihnen die ganze Bitterkeit? Wird irgendetwas dadurch besser, dass Sie sich an Ihren Groll klammern, Feindseligkeiten festhalten wie: «Ich werde nicht loslassen, ehe der andere …

- sich entschuldigt,
- erkennt, dass er sich geirrt hat,
- endlich auf mich hört,
- es so macht, wie ich will,
- aufhört, mich wahnsinnig zu machen!»

Während Sie Ihre Antworten aufschreiben und sich vielleicht mit Bitterkeit und Groll befassen, denken Sie immer wieder: «Lass los!» Stellen Sie sich vor, wie Sie bei jedem Mal ein Unkraut herausrupfen.

Und dann ist da noch die Reue, das Bedauern – Dinge, die Sie nicht getan haben, Wünsche, die nie erfüllt wurden. Nun, es ist zu spät, *letztes* Jahr etwas daran zu ändern, aber es ist nicht zu spät, die Sache ab sofort in Angriff zu nehmen. Sie haben noch eine Chance. Wenn Sie über das vergangene Jahr nachdenken, fragen Sie sich: «Was bedaure ich?» Schreiben Sie Ihre Antworten auf Ihre Liste zu Frage zwei. Später können Sie dann noch einmal auf sie zurückkommen und überlegen, ob Sie einige Punkte in Ziele für die nächsten zwölf Monate umformulieren wollen.

Aber jetzt lassen Sie erst einmal los. Denken Sie daran, der einzige wirkliche Wert solcher negativen Gefühle liegt darin, etwas aus ihnen zu lernen. Im Rückblick erkennen wir manchmal, dass einige solcher Erfahrungen von Enttäuschung und Reue, so schmerzlich und schwierig sie auch gewesen sein mögen, genau das waren, was wir zu dem Zeitpunkt brauchten, um zu wachsen, zu lernen und den nächsten Schritt zu machen.

Erfahrungen anderer Menschen

Hier auszugsweise ein Beispiel, was ein junger Mann auf Frage zwei geantwortet hat.

Beachten Sie, wie bunt gemischt die Liste des jungen Mannes ist. Fakten werden mit Gefühlen kombiniert, so, wie sie dem Antwortenden in den Sinn kamen.

Welches waren meine größten Enttäuschungen?

1. Habe fünfzehn Pfund zugenommen.
2. Mein Vater ist gestorben.
3. Bin immer noch nicht über meine Trennung hinweg.
4. Habe das Gleiche verdient wie im Jahr davor, obwohl ich eine Lohnerhöhung verdient hätte.
5. Habe nichts unternommen, um einen Job zu finden, der mir besser gefällt.
6. Aus der Amerikareise ist nichts geworden.
7. Habe mich im Fitness-Studio angemeldet und bin nur siebenmal hingegangen!
8. Habe mir wenig Zeit für meine Mutter genommen.
9. Ich gönne mir selten eine Pause, meine Gesundheit beginnt darunter zu leiden.
10. Fühle mich total gestresst.
11. Habe die Schulden auf meiner Kreditkarte auf über dreitausend Mark anwachsen lassen.

Denken Sie später im Workshop dieses Buches daran: Ganz gleich, ob etwas auf Ihrer Liste eindeutig Ihr Fehler war oder ob es Sie ohne Ihr Dazutun beeinträchtigt hat – schreiben Sie es auf!

FRAGE DREI

Was habe ich daraus gelernt?

Gelegentlich stolpern die Menschen über die Wahrheit,
aber die meisten rappeln sich schnell wieder auf,
als wäre nichts passiert.
SIR WINSTON CHURCHILL

Erkenntnisse

Betrachten Sie noch einmal Ihre Antworten auf die beiden ersten Fragen und überlegen Sie, was Sie gelernt haben. Wenn Sie Ihre Antworten auf Frage eins durchlesen, überlegen Sie, was Sie aus dem Erreichten gelernt haben.

Das, was Sie bisher erreicht haben, ist für Sie eine wichtige Informationsquelle. Die gleichen Stärken, Fähigkeiten und Qualitäten besitzen Sie auch in Zukunft.

Nehmen Sie sich ein paar Minuten Zeit, um die folgenden Fragen zu beantworten:

- Was war das Geheimnis meines Erfolgs?
- Was hat funktioniert?
- Warum war ich in der Lage, das zu erreichen?

Anschließend nehmen Sie sich Zeit und lesen Ihre Antworten zur zweiten Frage durch – Ihre Enttäuschungen und Misserfolge.

- Was hat nicht funktioniert, und warum?
- Wie hätte es besser geklappt?
- Was will ich daraus lernen?
- Oder habe ich bereits etwas daraus gelernt?

Während Sie das letzte Jahr noch einmal gedanklich an sich vorüberziehen lassen, überlegen Sie, welche Erkenntnisse Sie gewonnen haben und was Sie unter den Gegebenheiten noch lernen könnten. Seien Sie nicht allzu hart mit sich, sondern klopfen Sie sich ruhig ein wenig auf die Schulter. Es ist wichtig, dass Sie Ihre Erkenntnisse jetzt festhalten, damit sie Ihnen im Gedächtnis bleiben.

Verschwenden Sie keine Zeit mit Vorwürfen wie: *Wenn ich es nur anders gemacht hätte! Wenn ich es doch überhaupt gemacht hätte! Wenn ich es doch nur besser gemacht hätte!* Welchen Rat würden Sie sich selbst geben? Sehen Sie sich an, wie viel Sie erreicht haben, und überlegen Sie, wie Sie es das nächste Mal machen wollen. Frage drei bietet Ihnen eine große Chance – zu lernen, sich zu verändern, Herausforderungen anzunehmen und die Schritte zu machen, die Sie sich schon immer vorgenommen haben. Was müssen Sie anders machen, um eine bessere Erfolgschance zu haben? Was ist dazu nötig?

Wenn wir uns die Zeit zum Nachdenken nehmen, erkennen wir eher, was wir tun und was wir anders machen müssen. Schreiben Sie Ihre wichtigsten Erkenntnisse auf.

Zum jetzigen Zeitpunkt der persönlichen Standortbestimmung ist es hilfreich, einmal etwas eingehender darüber nachzudenken, wer Sie sind und wie Sie funktionieren. Diese Art Reflexion geht über das hinaus, was Ihnen spontan in den Kopf kommt. Bringen Sie Ihr Gehirn auf Touren; vertreiben Sie den Nebel und finden Sie die Antworten. Helfen Sie sich auf die Sprünge mit Fragen wie:

- Welche Veränderungen muss ich bei eingespielten Automatismen vornehmen?
- Wie kann ich Dinge anders machen?
- Welchen Rat gebe ich mir selbst?
- Brauche ich mehr Disziplin?
- War ich mit mir selbst und mit anderen ehrlich?
- Kümmere ich mich angemessen um mich selbst?
- Stelle ich mich schwierigen Problemen schnell genug?
- Lasse ich mir von anderen helfen? Höre ich auf ihren Rat und ziehe ihn ernsthaft in Betracht?
- Unterstütze ich andere in dem Maß, wie ich es für richtig halte?
- Welche Erkenntnisse ziehe ich aus meiner Arbeit? Sollte ich als Angestellter aktiver sein? Sollte ich als Manager mehr auf das hören, was meine Angestellten sagen? Als Chefin mehr Anleitung und Anregung liefern?

Was könnte sich ändern?

Zu den stärksten Motivationen, etwas zu lernen, gehört die Vorstellung, wie unsere Mitmenschen von unserem Verhalten beeinflusst werden. Unser Wunsch, auf andere Einfluss zu nehmen, kann uns in dem Entschluss stärken, unser Verhalten zu ändern.

Doch allzu oft sind die Lektionen, die *andere* lernen müssen, viel offensichtlicher. Denken Sie einmal an Leute, die Sie kennen, und an die Lektionen, die sie Ihrer Meinung nach lernen sollten. Es ist nicht schwer zu sehen, wie viel leichter und erfolgreicher deren Leben wäre, wenn … Das Gleiche gilt jedoch auch für Sie.

Tun Sie einfach so, als wären Sie jemand Fremdes, der Ihr Leben aus größerer Distanz betrachtet. Wenn Sie sich ans Ufer Ihres Lebensflusses setzen, was sehen Sie dann? Was können Sie tun, um mehr Felsen und Steinbrocken zu umschiffen? Wie bremsen Sie sich oder bringen sich sogar zum Stillstand? Sehen Sie sich die Bereiche Ihres Lebens an: Familie, Arbeit, Geld, Gesundheit, Freunde. Was sehen Sie? Betrachten Sie auch andere Aspekte wie Spiritualität, soziales Engagement oder persönliche Erfüllung. Vermeiden Sie, sich zu beurteilen: Das können Sie jetzt hinter sich lassen. Üben Sie, auf neue, objektivere Art zu denken. Stellen Sie sich vor, Sie sitzen am Rand Ihres Lebens und beobachten sich selbst. Was gefällt Ihnen an dem, was Sie sehen? Was würden Sie gern anders machen?

Schreiben Sie Ihre Zukunft neu. Sie wissen auch, wenn Sie nur einige wenige Verhaltensweisen ändern, können Sie Ihre Erfolgschancen radikal verbessern. Denken Sie nur an eine einzige Erkenntnis auf Ihrer Liste. Wenn Sie im nächsten Jahr nur diese eine berücksichtigen würden, was könnte sich für Sie dadurch ändern? Nehmen Sie sich die Zeit, sich bildhaft auszumalen, wie es wäre, wenn Sie sich so verhalten würden. Denken Sie an die möglichen Vorteile.

Wenn Sie eine Erkenntnis gewonnen haben und sie in Ihrem Leben zum Ausdruck bringen, haben Sie sich ein unvergleichliches Geschenk gemacht. Denn durch Einsicht gelangen Sie zu Erfüllung und Erfolg.

Das Leben ist ein Klassenzimmer

Das vergangene Jahr liefert Ihnen unschätzbare Informationen. Es sagt Ihnen mehr über das, was Sie wollen, als alle Vorträge, Bücher, Videos und Kassetten, die Sie finden können.

Ihre eigene Erfahrung im letzten Jahr ist voller Hinweise zu Themen wie Erfolg, den Aufbau positiver Beziehungen, darüber, wie Sie die Anerkennung gewinnen können, die Sie suchen, Zufriedenheit und Erfüllung erreichen und die Verbesserungen durchsetzen, die Sie sich wünschen. Was sagen diese Informationen Ihnen darüber, welche Art Mensch Sie sein möchten?

Wenn Sie Ihr Leben genau anschauen, finden Sie mehr als genug gute Ideen, die Ihnen helfen, mehr von dem zu bekommen, was Sie sich in Ihrem Leben wünschen.

Einige Lektionen sind sehr einfach und jeder kennt sie. Wir haben sie schon aus verschiedenen Quellen gehört – Eltern, Lehrer, Pfarrer, Chefs, Freunde, Bücher. Überlegen Sie, wie man von Grund auf etwas lernt – beispielsweise Gartenbau. Aus vielen Quellen fließt die Information: Nachbarn, Freunde, Gartenbücher. Aber die beste Adresse sind Gärtner – Menschen, die ihre Arbeit gut machen und im Lauf der Zeit Erfahrung erworben haben. Wenn Sie in einer schwierigen Situation stecken oder einer großen Herausforderung entgegensehen, denken Sie an jemanden, der sich dieser Situation mit Kompetenz stellen würde, und fragen Sie sich: «Wie würde der oder die es anpacken? Wie würde sie mit dieser Herausforderung umgehen? Was würde er jetzt sagen?» Es ist allerdings bedenklich, wie lange wir oft warten, um gewisse Lektionen auch zu lernen. Manchmal scheint es, als ob wir statt dem gesunden Menschenverstand eher folgende Regeln anwenden:

- Vermeide es, die Rechnung aufzumachen und das Konto zu begleichen.
- Finde dich mit Beziehungen ab, in denen du dich klein fühlst, bloß weil du zu viel Angst hast zu gehen.
- Hör dir die Sorgen von anderen an, ohne die gleiche Bereitschaft für ein offenes Ohr zu erwarten.
- Arbeite so hart, dass du keine Zeit mehr hast, dich um dich selbst zu kümmern.
- Erledige die unwichtigen Dinge und schiebe alles hinaus, was dich deinen Zielen näher bringen würde.

Diese Liste ist beliebig fortzusetzen. Das, was wir lernen müssen, ist überall um uns herum; wenn wir ein erfülltes Jahr erleben wollen, müssen wir nur die Augen öffnen und es packen. Die Juwelen in Ihrer eigenen Erfahrung zu entdecken ist mehr wert, als auf eine Goldader zu stoßen. Eine Goldader ist irgendwann erschöpft, aber von Ihren Erkenntnissen profitieren Sie immer wieder von neuem.

Aber erst wenn Sie etwas unternehmen, erst wenn Sie das Leben in die Hand nehmen, wird ein Wandel in Ihrem Leben stattfinden. Am einfachsten ist es, von seinen eigenen Erfahrungen zu lernen. Sie sind mit den Informationen am besten vertraut. Manche Lektionen beinhalten Dinge, die Sie sich seit Jahren immer wieder sagen. *Warum versuchst du nicht dieses oder jenes? Warum hast du das gesagt? Wäre es nicht besser gewesen, wenn…?* Am meisten ärgert es uns, wenn Freunde uns den gleichen Rat geben, den wir uns selbst seit Jahren verbeten haben. «Alles, was uns an anderen stört, kann uns dabei helfen, uns selbst besser zu verstehen», hat Carl Gustav Jung einmal gesagt.

Das Wissen schlummert in uns. Wir müssen uns nur die Ratschläge vor Augen halten, die wir anderen geben, und dann in aller Bescheidenheit überprüfen, ob wir sie selbst befolgen.

Bereits durch das Beantworten dieser Fragen sind Sie dabei, Ihr Verhalten zu verändern. Indem Sie über die Erkenntnisse, aus denen Sie lernen müssen, nachdenken, machen Sie Ihr Leben zu einem Klassenzimmer, in dem Sie aus Ihren Fehlern und Enttäuschungen etwas lernen und sie dadurch überwinden können.

Verwandeln Sie Ihre Erkenntnisse in persönliche Richtlinien

Wenn Sie Ihre Liste noch nicht angefangen haben, tun Sie es jetzt. Schreiben Sie alle Einsichten auf, die Ihnen einfallen. Bevor Sie dann weiterlesen, vergewissern Sie sich, dass Ihre Liste komplett ist und möglichst viel von dem enthält, woran Sie beim Lesen dieses Kapitels gedacht haben.

Jetzt gehen Sie die Liste dieser Einsichten noch einmal durch. Überlegen Sie sich bei jedem Punkt genau, was dieser in Ihrem Leben bewirken könnte. Überlegen Sie, welche Veränderungen Sie sich in Ihrem Leben wünschen. Welche Erkenntnis würde am meisten dazu beitragen, diese Veränderungen in die Tat umzusetzen?

Der nächste Schritt ist, Ihre drei wichtigsten Einsichten auszuwählen. Diejenigen, die Ihnen bei der Verwirklichung Ihrer Pläne nützlich sein könnten. Lassen Sie sich ein wenig Zeit und suchen Sie die Punkte aus, die Ihnen zur Zeit am wichtigsten erscheinen. Möglicherweise fühlen Sie sich instinktiv gleich zu einer Erkenntnis hingezogen und brauchen kaum Zeit zum Überlegen. Sollte dies der Fall sein, vertrauen Sie ruhig auf Ihre Intuition und nehmen Sie sie ernst. Natürlich sollen Sie die restlichen Punkte auf der Liste nicht vergessen, aber eine der wichtigsten Voraussetzungen für persönliche Erfüllung und Erfolg ist die Notwendigkeit des Fokussierens.

Wenn Sie Ihre drei wichtigsten Erkenntnisse gewählt haben, formulieren Sie diese in Richtlinien um, die Sie im kommenden Jahr befolgen wollen. Sie sollten so kurz und prägnant sein wie nur möglich. Sagen Sie sich lieber, was Sie tun sollen, als was Sie nicht tun sollen, drücken Sie sich möglichst positiv aus. Es ist schwierig zu wissen, was man *tun* soll, wenn die Anweisung lautet, man soll etwas *nicht* tun. Wenn Sie jedoch das Gefühl haben, dass Ihre spezielle Einsicht mit einem «Hör auf» oder ähnlich anfangen soll, damit Sie sie im Kopf behalten können, dann fassen Sie die Richtlinie entsprechend ab.

Diese drei Erkenntnisse sind Teil Ihres persönlichen Leitfadens für die nächsten zwölf Monate. Sie haben bereits eine Menge getan, um den Boden anzureichern, in dem Sie Ihre Ziele fürs nächste Jahr pflanzen wollen. Nehmen Sie sich Zeit und stellen Sie sich vor, wie die nächsten Monate aussehen könnten, wenn Sie die ausgewählten Richtlinien beherzigen.

Erfahrungen

Eine meiner persönlichen Richtlinien lautet: «Schau den Tatsachen ins Gesicht». Damit will ich mich unangenehmen Themen und Beziehungen stellen. Ich gehe den Dingen, die getan werden müssen, nicht mehr aus dem Weg, ich tue nicht mehr so, als wäre alles in bester Ordnung. Jahrelang bin ich immer wieder in schwierigen Situationen und problematischen Beziehungen gelandet, habe aber nichts dagegen unternommen, außer dass ich innerlich wütende Gespräche mit der betreffenden Person führte. Dann ließ ich zu, dass sich Bitterkeit in mir ausbreitete, und steigerte mich bis zum Siedepunkt in die jeweilige Sache hinein. Ich war emotionsgeladen und von Groll erfüllt.

Schritt für Schritt jedoch lernte ich erkennen, wenn etwas nicht stimmt, und direkt aktiv zu werden. Ich habe gelernt, mir Zeit zu nehmen, ein anstehendes Problem zu durchdenken und Lösungsmöglichkeiten zu finden. Ich versuche zu verstehen, wie die andere Person vielleicht denkt und fühlt, und zu beschließen, was zu tun ist und wie ich ein Problem ansprechen will. Jedes Mal, wenn mir dies gelingt, hebt sich der Nebel und ich fühle mich erleichtert. Es ist auf Dauer viel anstrengender, Probleme zu vermeiden, als konkret mit ihnen umzugehen.

Eine andere meiner Richtlinien lautet: «Hol dir Unterstützung, um zu tun, was nötig ist.» Seit über zwanzig Jahren bin ich beruflich als Seminarleiterin und Management-Trainerin tätig, aber allzu oft begehe ich den Fehler, mir selbst keinen Mentor zuzugestehen. Das ist gefährlich, denn ich kann viel besser das tun, was ich für richtig halte, wenn ich mich hinsetze und es mit jemandem durcharbeite, einen Plan entwerfe und versuche, den einzuhalten.

Ein weiterer Grundsatz, von dem ich mich seit Jahren leiten lasse und auf den ich stolz bin, lautet: «Das Schwierige zuerst.» Wie leicht ist es, eine Tasse Kaffee zu kochen, einen nicht sonderlich dringenden Telefonanruf zu erwidern, mit einem Kollegen zu plaudern, anstatt die Aufgaben anzugehen, die einen durch Aufschieben nur belasten. Immer häufiger nehme ich mir das Dringendste auf meiner Liste vor und erledige genau das zuerst. Meine Motivation dabei ist absolut egoistisch: Sobald ich die Sache hinter mir habe, fühle ich mich frei und der Rest des Tages ist plötzlich ganz einfach. Manchmal ist es ein Telefonanruf, vor dem mir graut, häufiger ein Bericht, ein Brief, eine Benachrichtigung, die ich schreiben muss. Vielleicht auch die Steuererklärung oder eine Banküberweisung. Meiner Erfahrung nach funktioniert es am besten, wenn man solche Dinge gleich erledigt und seine Gedanken davon befreit.

Viel von dem, was ich über den Wert von Erkenntnissen gelernt habe, stammt von meinen Klienten, die die größten Fortschritte dadurch machen, dass sie für das, was sie lernen, Verantwortung übernehmen. Sie selbst sind für sich die besten Informationsquellen und die besten Ratgeber, auch wenn es nicht immer leicht ist, den eigenen Ratschlägen zu folgen.

In meinem Berufsalltag als Unternehmensberaterin arbeite ich oft mit Gruppen von Menschen, die eine Firma gemeinsam leiten. Ich beginne oft mit einem Interview unter vier Augen, um jede einzelne Meinung zur momentanen Situation zu erfahren und zu hören, was daran geändert werden sollte. Fast ausnahmslos schildern die Betreffenden sehr deutlich – und häufig auch mit anschaulichen Beispielen und Geschichten –, wo die Probleme liegen und wer sich ändern müsste. Wenn ich nachfrage, was man tun könnte, um ein Problem anzugehen, machen die meisten konkrete Vorschläge, wie sie an einer positiven Veränderung mitwirken könnten. Trotzdem sieht es immer so aus, als unterhielte ich mich nur mit denen, die an dem eigentlichen Missstand nicht beteiligt sind.

Fragen sind die wichtigsten Werkzeuge eines Mentors. Oft erstaunen mich die Menschen mit ihren Antworten und ihrer Bereitschaft, sich zu ihren eigenen Fehlern zu bekennen. Wenn sie in Schwierigkeiten geraten, so in den seltensten Fällen wegen Zweifeln darüber, was sie tun sollen. Sie kennen die Antworten und wissen, wo ein Lerndefizit vorliegt – nun müssen sie sich nur noch der Herausforderung stellen, ihre Erkenntnisse in die Tat umzusetzen. Aber der erste Schritt ist getan – sie durchschauen das Problem sowie ihre eigene Verstrickung darin. Nun kann man nach Lösungen suchen.

Zur Anregung einige Beispiele für Richtlinien, wie sie von Familien, Freunden und Klienten benutzt werden:

- Die Familie steht immer an erster Stelle.
- Hol dir Hilfe, wenn du Hilfe brauchst.
- Halte nur Beziehungen aufrecht, in denen du dich wohl fühlst.
- Entspanne dich.
- Tu das, was du für richtig hältst – du weißt, was das ist.
- Schau den Tatsachen ins Gesicht.
- Entscheide dich für das, was dir gefällt.
- Das Wichtigste zuerst.
- Lebe gesund.
- Nimm dir Zeit für dich.
- Genieße das Gute im Leben.

FRAGE VIER

Wo stehe ich mir selbst im Weg und wie kann ich damit aufhören?

Das Leben ist eine sich selbst erfüllende Prophezeiung.

Wo stehe ich mir selbst im Weg?

Erst mit dreiunddreißig Jahren wurde mir klar, wie sehr ich mich selbst einschränkte. Hätten Sie mich gefragt, ob ich mir selbst im Weg stehe, hätte ich wahrscheinlich geantwortet: «Ja, vielleicht ein bisschen», aber ich hatte noch nicht einmal ansatzweise begriffen, wo und wie sehr. In meiner Wahrnehmung sah ich viel mehr, wie Konstellationen und Leute um mich herum mich zurückhielten und dass ich unter den gegebenen Umständen keine Wahl hatte.

Aber ich muss mir selber im Weg gestanden haben, denn als ich anfing, meine einschränkenden Verhaltensweisen wahrzunehmen, begannen sich die Dinge zu ändern. Damals erhob ich mich von der Rückbank meines Lebens und setzte mich ans Steuer. Davor hatte ich kaum je das Gefühl gehabt, an der Quelle meiner Erfahrungen oder dessen, was mir geschah, zu sein – ich war nur ein schläfriger Passagier auf der Reise durch mein Leben.

Zwar kam ich ganz gut zurecht, aber ich fühlte mich ganz allgemein frustriert und hatte das Gefühl, dass irgendetwas fehlte. Ich war für mich selbst eine Enttäuschung, ich wusste nicht, wie ich so geworden war oder was ich tun konnte, um es zu ändern. Ich war eine Expertin geworden, wenn es darum ging, unglückliche Situationen und Umstände zu erklären, ein Leben in stiller Aufopferung zu führen – ohne richtig zu merken, was ich eigentlich machte. Ich hatte zahllose unausgesprochene Wünsche und Sehnsüchte offen.

Als ich endlich eine tief gehende Bestandsaufnahme machte, musste ich mir schockiert eingestehen, dass mein bisheriges Leben genau so war, wie *ich* es mir geschaffen hatte. Ich war kein Opfer, ich hatte alles mit *meinen* Gedanken und *meinen* Taten so eingerichtet. Meine Beziehung zu meinen Eltern war ein gutes Beispiel für meine nie hinterfragten Wahrnehmungen und Einstellungen. Bis ich schließlich aufwachte, hatte mein grundlegendes Ziel darin bestanden, dafür zu sorgen, dass ich nicht so wurde wie meine Eltern – eine Haltung, die mich davon abhielt zu erkennen, wie ähnlich ich ihnen bin und wie viel sie mir gegeben haben.

Allmählich begann mir zu dämmern, dass ich, wenn ich es bis hierher geschafft hatte, auch das Zeug dazu haben musste, mein Leben erfüllter zu gestalten. Aber der erste Schritt bestand darin zu erkennen, wo ich mir selbst Schranken errichtet hatte – und ich lade Sie ein, nun das Gleiche zu tun.

Um Ihr Leben erfüllt und erfolgreich zu gestalten, müssen Sie entdecken, wo Sie sich Schranken errichten, und die Verantwortung für das übernehmen, was bisher geschehen ist.

Eine tiefere Ebene persönlichen Lernens tut sich auf, wenn Sie mehr darüber herausfinden, in welchem Kontext Sie leben und was genau Sie zurückhält. Wenn Sie das tun, entdecken Sie die wahre Bedeutung von Sokrates' Ausspruch: «Ein Leben, in dem nichts hinterfragt wird, ist nicht lebenswert.»

Die folgenden Fragen sollen Ihnen helfen zu entdecken, wo Ihre Überzeugungen und Ihr Verhalten Sie einschränken. Antworten

Sie wie bisher intuitiv. Diese Fragen sind eine gute Vorbereitung für den Workshop in Teil drei des Buches.

1. Wo stehe ich mir selbst im Weg?

Wenn Sie erst einmal anfangen, darüber nachzudenken, fallen Ihnen wahrscheinlich eine Menge Antworten ein. Schreiben Sie alle auf!

____

____

____

____

____

____

____

____

____

____

Hier einige Antworten anderer Leute:

- Ich nehme mir nicht die Zeit, darüber nachzudenken, was für mich wichtig ist.
- Ich bin faul.
- Ich glaube, was die Leute über mich sagen – ihre Meinung hat mehr Gewicht als meine eigene.
- Auch wenn ich mich wirklich zu jemandem hingezogen fühle, unternehme ich nichts.
- Ich stehe nicht für mich selbst gerade.
- Ich halte mich nicht an das, was ich sage, sondern lasse mich selbst immer wieder im Stich.
- Ich gebe mehr Geld aus als ich verdiene.

2. Welchen Preis habe ich dafür bezahlt?

Obwohl Ihnen der Preis wahrscheinlich bereits bewusst ist, sollten Sie sich die Zeit nehmen, um sich dieser Frage ganz zu stellen. Gehen Sie der Sache auf den Grund. Wenn Sie das tun, lockert sich der Griff der Vergangenheit und Ihre Einstellung zu Ihren eigenen Möglichkeiten wird positiver.

Hier wieder einige beispielhafte Antworten:

- Eine Menge Geld.
- Das Gefühl, dass ich mit meinem Können nicht das Beste gemacht habe.
- Beziehungen zu Menschen, die mir wichtig waren.
- Erfüllung und Zufriedenheit.
- Selbstrespekt.
- Meine Gesundheit.

Vielleicht fällt Ihnen auf, dass manche Ihrer Antworten den Enttäuschungen ähneln, die Sie bei Frage zwei, *Welches waren meine größten Enttäuschungen?*, aufgelistet haben. Das ist völlig normal – nutzen Sie diese Erkenntnis, um Ihr Bewusstsein für die Verbindung zwischen Ihrem Denken und Ihren Erfolgen und Enttäuschungen zu stärken.

3. In welcher Weise habe ich von meinen Einschränkungen profitiert?

Sie fragen sich jetzt vielleicht, wie es möglich ist, dass Sie etwas profitiert haben. Aber manchmal setzt man sich selbst ganz gerne gewisse Grenzen, weil man sich einen Nutzen daraus verspricht. Wir werden dafür belohnt, dass wir uns einschränken, und wir haben Angst, etwas zu verlieren, wenn wir alle Einschränkungen aufgeben. Auf einer bestimmten Ebene sind wir uns dessen bewusst und klammern uns an unsere Grenzen, damit wir unsere so genannten Vorteile nicht verlieren.

Es gibt einem Kraft, wenn man zu seinen versteckten
und lähmenden Gedanken und Überzeugungen steht.
Beginnen Sie damit, sich von diesen zu entfernen.

Hier ist es besonders wichtig, dass Sie die Antworten aufschreiben, wie sie Ihnen in den Sinn kommen. Registrieren Sie Ihre Gedanken so, wie sie auftauchen, und widerstehen Sie der Versuchung, die Antworten zu zensieren.

Antwortbeispiele:

- Ein leichtes Leben.
- Es wird nicht so viel von mir erwartet, dann muss ich auch nicht so schwer arbeiten.
- Ich kann weiterleben, als wüsste ich von nichts, und muss mich nicht mit dem ganzen schwierigen Zeug auseinander setzen.
- So kann ich dafür sorgen, dass die Leute mich mögen und mich gut finden.
- Eine gute Ausrede dafür, dass ich es besser machen könnte, wenn ich es richtig versuchen würde.
- Keine schlafenden Hunde wecken, lieber alles beim Alten lassen.

4. Bin ich bereit, damit aufzuhören.

Die Antwort ist ein einfaches Ja oder Nein. Diese Frage ist sehr wichtig. Machen Sie sich keine Gedanken, ob Sie dazu fähig sind oder wie Sie es bewerkstelligen wollen. Fragen Sie sich einfach nur: «Wenn ich wüsste, wie, wäre ich dann bereit, mich nicht mehr einzuschränken?»

☐ Ja! ☐ Nein.

Wenn Sie mit Ja geantwortet haben, stehen Ihre Chancen für eine Verwirklichung persönlicher Ziele gut. Denn nur wenn Sie bereit sind, genauer wahrzunehmen, welche Grenzen beziehungsweise Möglichkeiten Sie sich mit Ihren Gedanken und Überzeugungen setzen, können Sie Ihre Zukunftspläne in die Hand nehmen.

Ein besonders problematischer Bereich für mich waren meine Beziehungen zu Männern. Als ich anfing, meiner Einstellung und meiner Wahrnehmung auf den Grund zu gehen, erinnerte ich mich an einen Vorfall aus meiner Teenagerzeit. Wenn Sie nun diese Geschichte aus meiner Vergangenheit lesen, achten Sie bitte darauf, welche Steine ich mir allein durch meine Gedanken in den Weg legte!

Ein großer Schulball stand bevor, und diesmal sollten die Mädchen die Jungen einladen statt umgekehrt. Ich hatte schon seit einiger Zeit ein Auge auf einen Footballspieler namens Mike geworfen, und jetzt bekam ich also meine Chance. Aber es war nicht so leicht. Jeden Morgen erwachte ich mit der Überzeugung, heute sei der große Tag, an dem ich ihn fragen würde. Immer wieder plante ich, wie ich eine zufällige Begegnung mit ihm arrangieren würde, und überlegte, was ich ihm sagen wollte. Aber ein Tag nach dem anderen verstrich, und ich brachte einfach nicht den Mut auf, Mike anzusprechen.

Schließlich wurde die Zeit knapp, und ich konnte mich nicht länger drücken. Also ging ich zu ihm, sah ihm ins Gesicht und sagte: «Möchtest du mit mir zum Ball gehen?» Mike antwortete: «Nein, ich glaube eher nicht. Tut mir Leid.» Was für ein Schlag! Ich weiß noch, wie ich den Korridor entlangschlich und mir schwor: «So etwas passiert in meinem ganzen Leben nicht noch einmal!» Jetzt, da ich wusste, dass ich nicht gut genug war, um mit Mike auszugehen, wusste ich auch, dass ich überhaupt nicht gut genug war. Punktum. Ich blieb in meinem Versteck und wartete ab, ob jemand mich finden würde. Aber ich ließ mich nie wieder dabei ertappen, dass mir an jemandem etwas lag. Niemand sollte jemals mehr von mir denken, ich hielte mich für gut genug, einen von den Guten abzukriegen. Jetzt kannte ich meinen Platz.

Von diesem Zeitpunkt an lebte ich in der Vergangenheit und schleppte Mike mit mir herum. Jedes Mal, wenn ich einen neuen Mann kennen lernte, war Mike wieder da. Zwar machte ich mir Hoffnungen, aber ich hielt mich stets für die zweite Wahl. Je lieber ich einen Mann mochte, desto unbehaglicher war mir zumute und desto strikter versteckte ich mich, zensierte jede Bemerkung, jede Bewegung. Mike trat ins Rampenlicht, ich blieb lieber hinter den Kulissen. Infolge eines Zweiminutenerlebnisses hatte ich mich dermaßen eingeschränkt. Meine Beziehungen mit Männern wurden geprägt von der festen Überzeugung, dass ich Glück hatte, wenn sich überhaupt einer für mich interessierte.

Erst viel später, mit Ende zwanzig, überdachte ich diese Einstellung und realisierte, wie sie mich die ganzen Jahre im Griff gehabt und welchen Preis ich dafür bezahlt hatte. Immer wieder gab ich mich mit weniger zufrieden, als ich eigentlich wollte. In einer Phase der Selbstprüfung, wie sie auch von Frage vier angestrebt wird, entwickelte ich eine neue Einstellung, ausgedrückt durch den Satz: «Ich kann jeden Mann haben, den ich will.»

Kaum hatte ich das zum ersten Mal aufgeschrieben, da beschimpfte ich mich auch schon: «Das ist doch total unrealistisch! Wen willst du denn damit an der Nase rumführen? Lächerlich!» Eine ganz typische Reaktion für jemanden, der gerade anfängt, seine Denkmuster zu überprüfen und zu ändern. Mit allen Gedanken finden wir Argumente für unsere Grenzen. Unser Verstand sieht sich bedroht. Aber ich nahm diese Veränderung ernst und begann schließlich zu begreifen, dass der Satz «Ich kann jeden Mann haben, den ich will» vielleicht tatsächlich realistischer war als der Satz «Ich habe Glück, wenn sich überhaupt einer für mich interessiert».

Mich von dieser einschränkenden Wahrnehmung zu verabschieden und stattdessen eine Wahrnehmung zu entwickeln, die mir Mut machte, war mein bisher größtes Geschenk an mich selbst. Innerhalb weniger Monate lernte ich Tim kennen und heute bin ich verheiratet mit einem Mann, den ich respektiere und liebe, einem Mann, der alles übertrifft, was ich je für mich erhofft hätte. Aber bevor ich meine selbstzerstörerischen Ideen über mich und meine Beziehung zu Männern näher in Augenschein nahm, wäre ich nie auf die Idee gekommen, dass er sich auch nur im Entferntesten für mich interessieren könnte.

Natürlich kann es sein, dass wir uns auch ohne die Veränderung meiner Wahrnehmung kennen gelernt und verliebt hätten, dass wir genauso glücklich geworden wären – aber davon wird mich keiner jemals überzeugen!

Wenn Sie Ihre Kräfte auf etwas konzentrieren, werden Sie dies auch erreichen

Oft bekommen wir genau das, was wir uns selbst prophezeien. Das funktioniert in beide Richtungen – positiv und negativ. Wo Ihr Denkmuster positiv ist, erreichen Sie vermutlich gute Ergebnisse. Aber zum Zweck dieser Übung ziehen wir das negative Denkmuster in Betracht, weil darin das Geheimnis liegt, wie Sie zur nächsten Stufe Ihrer persönlichen Effektivität und Ihrer Kraft finden.

Worauf richten Sie momentan Ihre Aufmerksamkeit? Was beansprucht Ihre Konzentration? Damit sind natürlich weder Ihre Kaffeetasse noch diese Seite im Buch gemeint, sondern Ihre Gedanken und Meinungen. Der Zweck der vierten Frage meines Konzepts ist, Ihnen bei der Aufdeckung Ihrer grundlegenden einschränkenden Wahrnehmungen zu helfen, in Bezug auf Sie selbst und auf Ihr Leben, dort, wo diese Wahrnehmungen Sie daran hindern, das zu erreichen, was wirklich möglich ist.

Als ersten Schritt müssen Sie die Verbindung zwischen Ihren einschränkenden Gedanken und den Bereichen Ihres Lebens finden, in denen Sie Enttäuschungen erleben. Erst dann können Sie eine neue Einstellung entwickeln, die Ihnen die Möglichkeit gibt, das zu erreichen, was Sie wirklich wollen.

Aber sehen Sie sich zunächst die folgenden Beispiele an. Sie stammen von verschiedenen Menschen, die über die Verbindung zwischen ihren Denkmustern und ihrem Erfolg – beziehungsweise den Mangel daran – in einem bestimmten Bereich nachgedacht haben.

Worauf konzentriere ich mich?	**Was erreiche ich?**
• Angst vor geschäftlichen Fehlschlägen.	• Finanzielle Krise.
• Wut über unfaire Behandlung.	• Unfaire Behandlung.
• Ärger darüber, dass mein Partner beruflich so eingespannt ist.	• Er schenkt mir wenig Aufmerksamkeit.
• Wie wenig Zeit ich habe.	• Wenig Zeit – weil ich mit allem hinterherhinke und die Kontrolle verliere.

Worüber machen Sie sich Gedanken und Sorgen? Was prophezeien Sie sich wirklich: Erfolg und Misserfolg? Konzentrieren Sie sich auf Ihre Ängste oder auf Ihre Stärken? Ihre Zweifel oder Ihre Ziele? Denken Sie darüber nach - überprüfen Sie die Behauptung: *Sie bekommen das, worauf Sie Ihre Aufmerksamkeit richten.* Was trifft auf Sie zu? Ängste oder Stärken? Zweifel oder Zuversicht?

Fragen Sie sich: «Worauf konzentriere ich mich jetzt?» Machen Sie eine Liste Ihrer Gedanken und Gefühle auf der linken Seite eines Blatts. Jetzt gleich.

Dann denken Sie darüber nach, was Sie mit diesen Gedanken und Gefühlen erreichen. Sehen Sie sich die Antworten auf der linken Seite an und überlegen Sie, was in Ihrem Leben passiert. Ist es möglich, dass Ihre Beziehungen das reflektieren, was Sie erwarten? Ertappen Sie sich manchmal dabei, wie Sie sich sagen: «Siehst du wohl!», oder: «Das überrascht mich nicht im Geringsten.»? Aber der Drang, Recht zu haben, führt uns selten zu den Ergebnissen, die wir uns wirklich wünschen.

Wie hängen Ihre Gedanken und Gefühle mit dem zusammen, was Sie im Leben bekommen? Gibt es eine Verbindung zwischen Ihrem emotionalen und mentalen Denkmuster und dem, was Sie erleben? Wohin führen Sie Ihre Gedanken und Gefühle? Schreiben Sie neben jeden Gedanken auf Ihrer Liste die Erfolge, die Sie in diesem Buch verzeichnen können.

Wenn wir die Verantwortung für unsere positive Einstellung übernehmen, können wir unsere Intelligenz und unsere Gefühle kontrollieren und sie auf die Ergebnisse ausrichten, die wir anstreben. Wenn das geschieht, werden wir von unseren Zielen angezogen wie von einem Magneten.

Der Sinn dieser Art von Fragen liegt darin, dass Sie entdecken, was Ihr Leben bestimmt – Sie oder Ihre einschränkenden Überzeugungen. Sie können Ihre Richtung erst ändern, wenn Sie sich bewusst werden, wo Sie zum jetzigen Zeitpunkt stehen!

Das Spiegelei

Das Modell, mit dem ich diesen Bereich der Bestandsaufnahme gerne veranschauliche, ist das Spiegelei – so hat einer meiner Klienten es einmal genannt. Eigentlich handelt es sich um einen Querschnitt durch unsere mentale und emotionale Beschaffenheit – ein psychologisches Modell, das Ihnen helfen soll, sich selbst ein bisschen besser zu verstehen. Es bezieht sich nicht nur auf Ihre grundlegende Beziehung zu sich selbst, sondern bietet auch einen Ansatz zur Beschreibung der Funktionsweise Ihrer Gedanken. Diese Information ist die Grundlage jeder permanenten Veränderung.

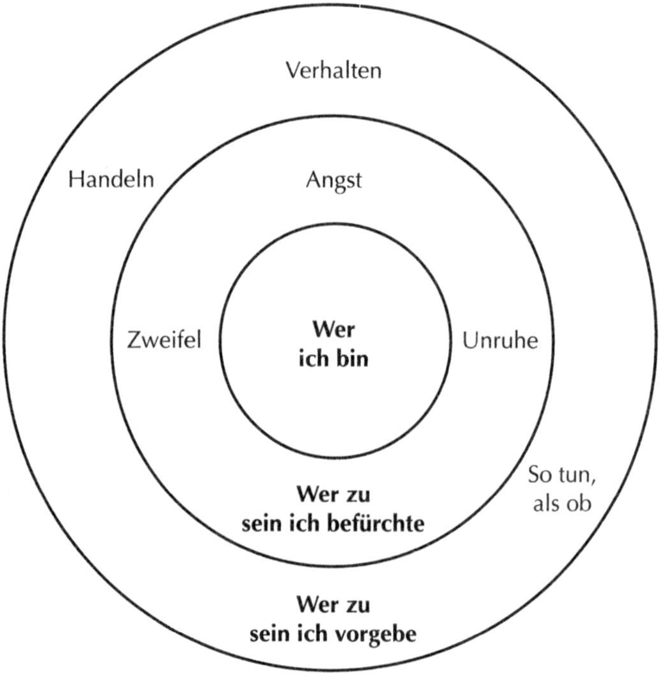

Im Zentrum jedes Menschen – dem innersten Kreis des Diagramms – liegt die Erfahrung unseres Selbst und unserer Werte; die meisten von uns nennen es Herz oder Seele: «Wer ich bin.» Dieser Teil ändert sich nie.

Im Lauf der Zeit kann dieser zentrale Kern überlagert werden von einer Schicht aus Angst, Unruhe, Zweifel und jahrelangen Angewohnheiten, die nicht das widerspiegeln, was wir wirklich sind. Von wohlmeinenden Eltern und Lehrern werden wir auf unsere Fehler hingewiesen, aber auf eine Art, die sich auf den mittleren Kreisring konzentriert, nicht auf das Zentrum: Sie sprechen mit uns in einer Art, dass wir das Gefühl bekommen, es stimme etwas nicht mit *uns*; nicht unser Verhalten oder unsere Leistung sind korrekturbedürftig, sondern wir selbst. Wir identifizieren uns mit der Person, die wir zu sein fürchten, und vergessen, wer wir wirklich sind.

Die sich daraus entwickelnden Zweifel und Ängste führen uns weg von Verhaltensweisen, die mit unseren innersten Überzeugungen und Werten übereinstimmen. Wir beginnen zu leben, als läge die Wahrheit im mittleren Kreisring – als wären Angst und Unruhe wohl begründet – und unser Selbstwertgefühl wird untergraben. Dieser mittlere Kreisring ist die Heimat unserer Einschränkungen – der Ort in uns, wo wir Erinnerungen an Selbstzweifel und Angst bewahren. Nachdem Mike mich abgewiesen hatte, begann ich mich mit dieser Schicht aus Angst zu identifizieren statt mit meinem wahren Selbst.

Aber die meisten von uns sind zu klug, permanent ihre Angst zu zeigen. Ich habe mich nicht in finstere Ecken verkrochen und die Rolle des verschüchterten Mauerblümchens gespielt! Im Gegenteil – ich verhielt mich herausfordernd und übertrieben selbstbewusst, aber diese Fassade hatte nichts mit den Gefühlen zu tun, die sich dahinter verbargen. Statt zu unseren Zweifeln zu stehen, verstecken wir uns hinter einer weiteren Schicht Angst und Unruhe: «Wer zu sein ich vorgebe.»

Wenn wir uns vom äußeren Ring beziehungsweise einer oberflächlichen Ebene leiten lassen, sprechen und handeln wir, um gut dazustehen oder von anderen Anerkennung zu bekommen; wir sind nicht ehrlich auf eine Art, die mit dem übereinstimmt, was wir wollen und richtig finden. Außerdem verlieren wir den Kontakt zum Zentrum und beginnen zu denken, der Mittelring sei unser wahres Selbst: *Gott sei Dank weiß niemand, wie schlecht ich wirklich bin!* Ein Klient hat dies einmal das Hochstaplersyndrom genannt.

Wenn Sie bemerken, wie sehr Sie sich selbst einschränken, decken Sie viele Zweifel und Ängste auf. Ziel ist es, die Auswirkungen dieser Zweifel allmählich rückgängig zu machen.

Wenn Sie es schaffen, Ihr Bewusstsein wieder auf Ihr Zentrum zu richten, auf Ihre angeborene Stärke und Kraft, kommen Sie auch wieder in Kontakt mit Ihrem wahren Selbst. Sie werden aufhören, sich zu begrenzen, und wieder anfangen, sich vom Zentrum her auszudrücken, durch die Schicht von Zweifeln und Ängste hindurch. Dies erfordert Übung, aber allmählich lösen sich die Jahre der Zweifel und Ängste auf. Mike wurde zu einer Erinnerung, aber mein schmerzhaftes Erlebnis mit ihm und die Selbstzweifel, die ich dadurch geschaffen hatte, bestimmen heute nicht mehr meine Beziehungen.

Wie kann ich damit aufhören?

Nun, wie überwinden wir selbstzerstörerische Verhaltensweisen und verändern die Art, wie wir über uns denken und fühlen, so dass wir unsere Stärke nutzen und unsere Werte pflegen können? Ehe Sie herausfinden, was Sie im nächsten Jahr Ihres Lebens erreichen wollen, sollten Sie sich die Zeit nehmen, ein für Ihr Vorhaben Erfolg versprechendes Umfeld zu schaffen.

Eine Veränderung tritt unweigerlich ein, wenn Sie sich selbst ins Zentrum Ihres Lebens stellen und sich Ihre Welt selbst gestalten, statt sich von der Umgebung Ihren Erfolg diktieren zu lassen. Sie nutzen Ihre Intelligenz und Ihre Stärke, um sich eine neue Realität zu schaffen. In diesem Prozess entwickeln Sie aus einer einschränkenden Haltung eine ermutigende, stärkende Wahrnehmung Ihrer selbst und der Welt, in der Sie leben. Sie bewegen sich aus einer falschen in eine echte Realität.

Jetzt ist der Zeitpunkt gekommen, um über das wirkungsvollste

Werkzeug für eine persönliche Veränderung nachzudenken: das Durchbrechen von Mustern. Mit Muster oder Paradigma ist eine bestimmte Sichtweise auf sich selbst, andere und Ihr Leben – genau genommen auf alles – gemeint. Stellen Sie es sich vor wie eine Brille, durch die Sie alles um sich herum wahrnehmen, auch sich selbst. Nur merken Sie nichts von der Brille, denn Sie glauben, Sie sehen die Dinge so, wie sie sind.

Nachdem ich an jenem Tag bei der Einladung zum Ball zurückgewiesen worden war, lautete das Paradigma für meine Beziehung zu Männern: «Ich habe Glück, wenn ich überhaupt einen bekomme.»

Von diesem Augenblick an lebte ich in dieser Überzeugung, sie war meine Realität, meine Wahrheit. Ich war mir keiner anderen Möglichkeit bewusst, wenn es um das Thema Männer ging, auch wenn es durchaus Beweise dafür gab, dass Männer mich attraktiv fanden.

Die Sichtweisen, mit denen wir uns selbst begrenzen, können von Tatsachen oft nicht korrigiert werden. Wir glauben fest, dass wir Recht haben, und keine Information von außen ist imstande, uns vom Gegenteil zu überzeugen.

Ich kenne Hunderte erfolgreicher Menschen, deren persönliches Paradigma noch immer einengend ist – keine Leistung, kein Reichtum, keine Anerkennung war groß genug, um ihr Selbstbild zu ändern. Wenn ein einschränkendes Muster erst einmal da ist, müssen wir unsere Intelligenz und unser Herz einsetzen, um zu einer positiven Weltanschauung zu gelangen. Wenn wir uns selbst nicht als erfolgreich und wertvoll sehen, wird keine Errungenschaft, kein Maß an Anerkennung an unserer Wahrnehmung rütteln können. Es ist eine Aufgabe, die nur von innen nach außen funktioniert!

Erinnern Sie sich, einmal gedacht zu haben, wenn Sie eine bestimmte Geldsumme verdienen würden, wären alle Probleme gelöst? Hat es sich bewahrheitet? Haben Sie sich eingeredet, wenn Sie nur mit jemandem zusammenleben könnten, wären Sie glücklich? Hat es tatsächlich so funktioniert?

Wenn wir eine Veränderung unserer Wahrnehmung schaffen, sind wir in der Lage, die Zukunft nicht mehr mit den Augen der Angst zu betrachten. «Wie ein Mann in seinem Herzen denkt, so wird er auch sein.» Lernen Sie, an Ihre Stärken und Ihren Wert zu denken. Sie sind das Produkt Ihrer Gedanken und Gefühle. Um das zu verändern, was dabei herauskommt, müssen Sie Ihr Denken verändern. Statt Ihre Intelligenz und Ihre Energie in Überzeugungen mit negativem Ausgang zu stecken, richten Sie Ihren Fokus lieber auf das, was Sie erreichen wollen.

Nicht die Umstände schaffen Ihre Realität, Ihr Glück, Ihre Zufriedenheit oder Ihre Erfüllung. Dafür sind Sie zuständig.

Wir alle haben unsere einschränkenden Denkmuster, ein kompliziertes Gebäude aus Sichtweisen, Ausreden und Abwehrmechanismen. Wir weisen jegliche Verantwortung ab und folgen diesen Mustern willig, bis wir irgendwann endlich aufwachen. In seinem Buch *Your Ageless Body – Länger leben und jung bleiben* beschreibt Deepak Chopra das Paradigma des Alterns, eine Denkart, die Verfall und Schwäche nach sich zieht. Er erklärt uns, dass wir Menschen über die nötige Intelligenz und die nötigen Kapazitäten verfügen, um uns diesem Denkmuster zu entziehen:

> *Außerhalb unserer Wahrnehmung gibt es keine Biochemie; jede Zelle Ihres Körpers ist sich selbst absolut dessen bewusst, wie Sie sich selbst sehen und fühlen. Wenn Sie diese Tatsache akzeptieren, verschwindet die ganze Illusion, Opfer eines dummen, ungesteuert zerfallenden Körpers zu sein.*

Der erste Schritt Ihrer Transformation besteht darin, Ihren einschränkenden Denkmustern auf die Spur zu kommen. Wo hält Ihre Art zu denken Sie zurück? Welche rituellen Zweifel und Ängste bestimmen Ihr Selbstbild? Beantworten Sie die folgenden Fragen, mit denen Sie Ihre festgefahrenen Überzeugungen aufdecken.

In welchen Lebensbereichen erreiche ich nicht das, was ich will?

Beantworten Sie diese erste Frage zügig – erstellen Sie nur eine Liste von Schlagworten wie beispielsweise:

- Zwischenmenschliche Beziehungen
- Gleichgewicht zwischen Arbeit und Vergnügen
- Geldverdienen
- Kreativität
- Fitness

Überdenken Sie nun diese Aspekte Ihres Lebens. Was denken Sie in Folge dieser Enttäuschungen über sich und was sagen Sie über sich, um sie zu erklären? Was reden Sie sich selbst ein? Wie beschreiben Sie sich und Ihr Verhalten anderen gegenüber? Strengen Sie sich an und finden Sie heraus, wie Sie über sich selbst sprechen. In diesen Antworten entdecken Sie allmählich Ihre festgefahrenen Denkmuster.

Wie versuche ich meine Fehlschläge zu erklären?

Ihre Antworten ähneln vielleicht Beispielen wie diesen:

- Egal, wie viel Mühe ich mir gebe, ich schaffe es nie.
- Ich verfüge nicht über die notwendigen Voraussetzungen.
- Weil ich nicht studiert habe, bin ich nicht klug genug.
- Ich bin zu alt – es ist zu spät.
- Ich habe jetzt schon zu viel zu tun!
- Ich verdiene es nicht.
- Ich muss mit dem zufrieden sein, was ich habe, denn da hatte ich schon Glück.
- Ich habe keine Wahl.

Rufen Sie sich das Spiegeleimodell in Erinnerung und sehen Sie Ihre Antworten als Bestandteile des mittleren Rings. Wenn Sie diesen einschränkenden Denkmustern das Kommando überlassen –

wohin werden die Sie führen? Sie bekommen das, worauf Sie Ihren Fokus richten, und solche Muster bestimmen den grundlegenden Fokus unseres Lebens. Sie diktieren das Ausmaß Ihres Erfolgs, die Qualität Ihrer Beziehungen, die Tiefe Ihrer Zufriedenheit. Solange Sie den altbekannten Paradigmen die Herrschaft überlassen, sind Enttäuschungen vorprogrammiert. Wenn Sie sich diese Muster jedoch bewusst machen, indem Sie sie aufschreiben, lockern Sie ihren Griff und schmälern ihre Macht.

Wenn Sie das Gefühl haben, dass Ihre Liste – zumindest für den Augenblick – vollständig ist, unterstreichen Sie die Antworten, die Sie am stärksten beeinflussen. Welche davon halten Sie für wahr? Welche sind für Sie besonders faszinierend? Arbeiten Sie mit einer davon, wenn Sie sich nun daranmachen, Ihre Sichtweisen zu verändern.

Wahrnehmungswechsel (Paradigmawechsel)

Ihrem einschränkenden Denkschema auf die Spur zu kommen ist ein großer Schritt in Richtung Bewusstheit.

Während eines großen Teil meines Lebens war Geld für mich ein Problem. Egal, was ich auch machte, immer gab ich mehr aus als ich verdiente und geriet regelmäßig in Schwierigkeiten. Ungeöffnete Rechnungen und Kontoauszüge versteckten sich in meinen Schreibtischschubladen und oft brauchte es eine Rechtsmittelandrohung, um mich in eine nächtliche Panik von Selbstvorwürfen zu stürzen, in der ich meine Angelegenheiten einigermaßen regelte – bis zur nächsten Krise.

Ein paar Mal nahm ich einen Bankkredit auf, bezahlte die Schulden auf meiner Kreditkarte und die offenen Rechnungen und machte reinen Tisch. Aber ich konnte der Versuchung nicht widerstehen, die Kreditkarte gleich wieder bis zur äußersten Grenze auszunutzen. Ich weiß nicht mehr genau, wie oft das passiert ist, aber auf jeden Fall viel zu oft.

Nichts konnte den Teufelskreis durchbrechen, weil mein Verhalten von einem lähmenden Denkmuster vorangetrieben wurde: «Ich will mehr Geld, aber ich werde nie mehr Geld verdienen als jetzt –

mehr bin ich auch gar nicht wert!» Solange ich so dachte, erreichte ich immer dasselbe Ergebnis, ganz gleich, was ich auch anstellte, um es anders anzupacken. Von einem unsichtbaren Magneten wurde ich immer wieder in denselben Teufelskreis gezogen.

Aber als ich begann, über meine einschränkende Denkart, mit der ich an das Thema Geld heranging, nachzudenken, wurde das darunter liegende Wahrnehmungsmuster offensichtlich. Als ich noch ziemlich jung war, hatte ich eine Reihe von Regeln und Überzeugungen zum Umgang mit Geld aufgestellt, aber diese hatten sich in der Zwischenzeit hinter den Spinnweben meines Bewusstseins verborgen. Die Erfahrung hätte mir hilfreiche Hinweise geben sollen, aber ich wusste nicht, wie ich diese entziffern konnte. Als ich begann, meinen Umgang mit Geld zu analysieren, fand ich heraus, dass ich zwei Grundregeln aufgestellt hatte, die mein einschränkendes Paradigma zum Thema Geld und damit auch meine finanzielle Lage diktierten:

- Es ist nicht okay, mehr Geld zu verdienen als der Partner, mit dem man zusammen ist.
- Es ist nicht fair, viel Geld zu verdienen, wenn einige Not leidende Leute gar keines haben.

Dazu kamen noch die üblichen Klischees, die auch einen starken Einfluss auf mich ausübten:

- Geld ist die Wurzel allen Übels.
- Ich bin nicht der Typ, der viel Geld macht.
- Wenn ich richtig viel Geld verdienen würde, wäre ich grässlich und habgierig.
- Ich habe nicht so viel Talent wie die Leute, die viel Geld verdienen.

Als ich meine Liste betrachtete, um zu sehen, welches Muster mich am stärksten beeinträchtigte, war es das mit den Not leidenden Menschen. Lange war ich überzeugt gewesen, dass ich meine Seele verkaufen würde, wenn ich richtig viel Geld machte. Wie konnte ich daran denken, diese Vorstellung zu ändern? Egoismus kam doch einer Sünde gleich.

Aber als ich den Gedanken weiterverfolgte, wurde mir klar, dass meine Geldknappheit und meine Unwürdigkeit anderen nichts nützten, sondern mich nur arm bleiben ließen. Aber was half es anderen Menschen, wenn ich kein Geld hatte? Was konnte ich für sie tun, wenn ich nicht mal in der Lage war, meine eigenen Rechnungen zu bezahlen? In diesem Momen wurde mir klar, dass ein Wandel meiner Beziehung zum Geld letztlich eine Veränderung meines Selbstwerts beinhaltete. Ich stellte mir vor, wenn ich diesem Problem auf den Grund gehen und anfangen könnte, so viel Geld zu verdienen, wie ich wollte und insgeheim auch verdient zu haben glaubte, wäre ich doch in einer stärkeren Position – sowohl in meinem Innern als auch in meinem Portemonnaie –, um anderen etwas davon abzugeben.

Ich schrieb mir einen stärkenden Leitsatz für das Geld in meinem Leben auf: «Geld ist im Überfluss vorhanden und strömt ganz spontan in mein Leben. Geld gestattet es mir, mich selbst vollständiger auszudrücken und anderen großzügig davon abzugeben.» In den letzten zwanzig Jahren war dies eine Quelle der Inspiration und der Kraft für mich. Heute ist mein Einkommen um ein Vielfaches höher als damals und ich spende heute mehr an andere, als ich damals in einem ganzen Jahr verdient habe.

Ein neues Denkmuster für ein neues Jahr

Vier Schritte zu einer neuen Denkweise

1. Finden Sie Ihr einschränkendes Paradigma.
2. Überlegen Sie, was Sie festhält, erkennen Sie einschränkende Gedanken, Gefühle und scheinbare Vorteile daraus.
3. Schaffen Sie sich ein neues, stärkendes Denkmuster.
4. Lernen Sie die Kunst der Transformation. Steigern Sie Ihre Bewusstheit und schalten Sie auf Ihre neue Denkart um, sobald Sie sich in Ihrem alten Muster festfahren.

Die beiden ersten Schritte haben Sie bereits hinter sich. Wenn Sie es noch nicht getan haben, dann suchen Sie sich jetzt das Denkmuster aus, das Sie verändern wollen, um ein erfolgreiches Jahr zu erleben.

Sie brauchen nicht alles auf einmal zu verändern – fangen Sie damit an, dass Sie das Paradigma aufdecken, das Ihnen am stärksten im Weg steht.

Jetzt, da Sie die ersten beiden Schritte vollzogen haben, können Sie anfangen, eine neue Art des Wahrnehmens und Denkens anzunehmen, die Sie zu den Ergebnissen und Beziehungen führt, die Sie sich für die nächsten zwölf Monate wünschen.

Unter Transformation versteht man eine grundlegende Veränderung im Umgang mit sich selbst und dem ganzen Lebenswandel. Wenn Sie ein einschränkendes Denkmuster umgestalten, übernehmen Sie Verantwortung für Ihr Leben.

Ob einschränkend oder ermutigend – die Dynamik eines Denkmusters ist immer dieselbe. Hinter jedem Muster versteckt sich eine Behauptung, die unsere Wahrnehmungen und Überzeugungen zusammenfasst. Wir halten diese Behauptung für richtig und setzen alle verfügbaren Mittel ein, damit die dazu passende Realität entsteht – und das funktioniert. Das beweisen wir uns immer wieder, in unseren Gedanken, Gefühlen, Handlungen, in unserem Verhalten, unseren Erfahrungen und Beziehungen. Sie allein bestimmen Ihre Denkmuster.

Wenn Sie die Dynamik eines sich ständig selbst bestätigenden Denkmusters verstehen und akzeptieren, können Sie es zu Ihrem Vorteil einsetzen.

Um ein neues Paradigma zu bestimmen, sehen Sie sich Ihre gegenwärtige einschränkende Denkart an. Welche Einstellung beschreibt eine neue Wahrnehmung, die die alte zerstören würde? Wenn Sie sich die folgenden Beispiele einschränkender und ermutigender Denkmuster ansehen, erscheinen Ihnen die Ermutigungen zum Teil womöglich zu positiv und vereinfacht. Überwinden Sie diesen Vorbehalt. Denken Sie nur an Ihre festgefahrenen Sichtweisen und überlegen Sie, was Sie lieber hätten.

Einschränkendes Denkmuster	**Ermutigendes Denkmuster**
• Ich habe Glück, wenn ich überhaupt eine Frau bekomme.	• Ich kann jede Frau haben, die ich will.
• Ich weiß es selbst am besten.	• Es macht mir Spaß, von anderen Menschen zu lernen, und ich komme mit ihrer Unterstützung viel schneller ans Ziel.
• Ich möchte mehr Geld, aber ich bin es nicht wert, mehr zu verdienen.	• Geld ist reichlich vorhanden und strömt spontan in mein Leben.
• Ich kann nicht das tun, was ich wirklich möchte.	• Ich habe die Kraft, mir zu verschaffen, was ich möchte.
• Ich bin nicht gut genug.	• Ich habe viel zu bieten und suche gern Möglichkeiten, es weiterzugeben.

Stehen Sie sich nicht selbst im Weg. Bestimmen Sie, was Sie möchten und schreiben Sie es so auf, dass Ihr Wunsch ganz deutlich wird.

Ihr neues Weltbild sollte genau ausdrücken, was Sie für sich selbst wollen. Wenn Sie es aufschreiben, existiert es vielleicht zunächst nur auf einer Wunschebene. Sie müssen die Umsetzung und Auswirkung noch erfahren. Aber wenn es für Sie anstrengend ist, so zu denken, wie das neue Paradigma es Ihnen nahe legt, dann sind Sie bereits auf dem richtigen Weg.

Achten Sie darauf, wie ermutigende Paradigmen formuliert werden. Sie alle erfüllen folgende Kriterien: Sie sind

- persönlich,
- in der Gegenwart ausgedrückt,
- positiv,
- direkt,
- weisen in eine spannende neue Richtung.

Wenn Sie Ihr neues Denkmuster aufgeschrieben haben, vergewissern Sie sich noch einmal, dass es für Sie genau stimmt. Wohin führt es Sie? Welche Ergebnisse haben Sie zu erwarten? Sorgen Sie dafür, dass die Worte genau die neue Realität ausdrücken, die Sie schaffen möchten.

Denken Sie daran: Unser Weltbild bestimmt, was wir erreichen und welche Beziehungen wir führen.

Gehen Sie über Vernünftigkeit und gewöhnliche Maßstäbe hinaus. Machen Sie den Quantensprung in Ihrem Denken. Erlauben Sie sich, ernsthaft über neue Möglichkeiten nachzudenken und sich für das zu begeistern, was in Ihrem Leben Neues passieren könnte. Erwarten Sie ruhig ein paar Wunder. Jetzt, wo Sie eine neue Sichtweise annehmen, geben Sie Ihrem Garten den wirksamsten Dünger. Malen Sie sich aus, was mit den Zielen geschieht, die in einem Boden wachsen, den Sie mit diesem Weltbild genährt haben. Albert Einstein war der Meinung, dass Fantasie wichtiger ist als Wissen!

Denken Sie daran, dass Sie es hier mit Ihrem wahren Selbst zu tun haben, nicht bloß mit positivem Denken. Rufen Sie sich ins Gedächtnis, dass Ihr neues Paradigma etwas darüber ausdrückt, wer Sie sind. Ihre begrenzenden Muster gehören in den mittleren Kreisring – zu den Zweifeln und Ängsten. Bewegen Sie sich aus der begrenzenden Sichtweise heraus und nehmen Sie wieder Kontakt zu

Ihrem wahren Selbst auf. Sorgen Sie dafür, dass Ihr neues Paradigma Sie darin bestärkt, die Ziele zu erreichen, die Sie sich für das nächste Jahr gesteckt haben.

Wenn Sie «Opfer» eines einschränkenden Wahrnehmungsmusters sind, leben Sie ein mehr oder weniger unbewusstes, nicht hinterfragtes Leben. Würden Sie innehalten und nachdenken, würden Sie merken, dass Ihre negative Sicht der Dinge Ihnen nichts bringt. Oft ist eine einschränkende Denkart sogar ein Paradox – unsere inneren Botschaften sind nicht nur negativ, sondern auch noch widersprüchlich. Sehen Sie sich die Skizze weiter unten an. Die Gedanken auf der rechten Seite des Kopfs zerren in die Richtung von «mehr Geld haben». Die Gedanken auf der linken Seite gehen genau in die entgegengesetzte Richtung, nämlich zu den Gründen, warum dieser Mensch auf keinen Fall mehr Geld haben kann. Wie wir aus dem Physikunterricht wissen, kommt man nirgendwohin, wenn zwei Kräfte gleich stark in entgegengesetzte Richtungen ziehen. Klingt das bekannt?

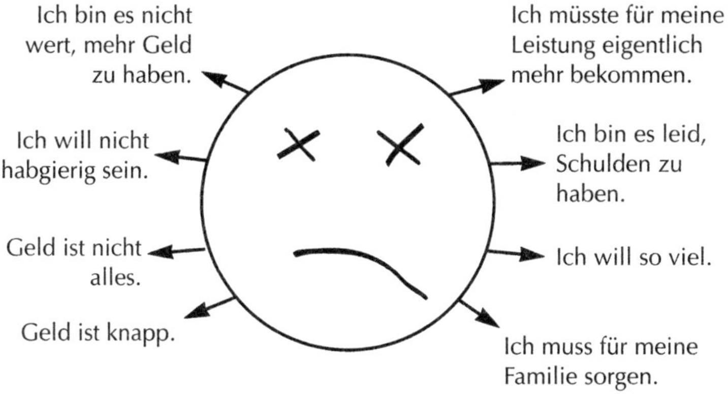

Wenn wir jedoch eine ermutigende Denkweise annehmen – eine Wahrnehmung, die wir ganz bewusst so wählen, dass sie uns das bringt, was wir uns wünschen –, richtet sich unser Blick auf das, was wir erreichen wollen.

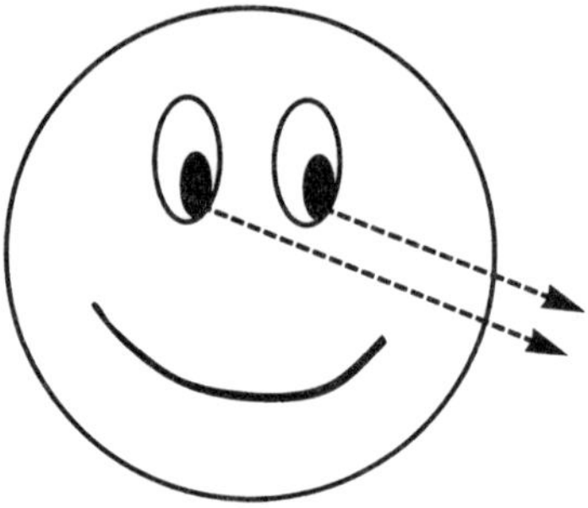

Hier richten sich unsere Kraft und unser Gefühl auf dasselbe Ziel, hier wird die Energie nicht unnötig angezapft, unsere Wahrnehmung nicht verwirrt. Während die Person auf dem ersten Bild sich bestenfalls im Kreis dreht, sitzt die zweite am Steuer und weiß genau, wohin die Reise geht. Wenn Sie so vorgehen, gestalten Sie selber eine neue Realität, und Sie sind motiviert, weiter entlang dieser Straße zu gehen, die Sie an Ihr Wunschziel führen wird.

Wie behalten wir das alles im Auge?

Es ist nicht immer leicht, ein bestimmtes Ziel im Auge zu behalten, wenn Sie der Alltag wiederhat.

Lernen Sie sich dabei zu ertappen, wenn Ihre Gedanken, Gefühle, Einstellungen und Standpunkte Sie in die alten Wahrnehmungen zurücklocken wollen. Gehen Sie einen Moment auf Abstand und machen Sie sich bewusst, wohin Ihr altes Paradigma Sie führt. Wenn Sie in die falsche Richtung gehen, nehmen Sie Ihr neues Paradigma wieder ins Visier. Sagen Sie es sich vor. Verändern Sie ganz bewusst die Richtung, in die Sie Ihre Intelligenz, Ihre Emotionen und Absichten investieren wollen.

Einer meiner effektivsten mentalen Tricks besteht darin, dass ich mir meinen Kopf als Vogelkäfig vorstelle. Auf der einen Seite meines Kopfes ist der Eingang, auf der anderen Seite der Ausgang. Meine Gedanken sind die Vögel, die in den Käfig hineinfliegen. Wenn nun einschränkende Gedanken kommen, die mich in eine falsche Richtung lenken wollen, stelle ich mir vor, dass sie gleich wieder zum Ausgang hinausfliegen und verschwinden. Ich tue mein Bestes und widerstehe der Versuchung, einen Vogel zum Verweilen einzuladen, dem zuzustimmen, was er sagt, ihn sozusagen zu mästen, bis er so fett ist, dass er schließlich nicht mehr durch die Käfigtür passt. Dann würde ich womöglich die einschränkende Botschaft des Vogels glauben, und würde mich in eine ungewollte Richtung ablenken lassen.

Viele Leute schreiben ihr neues stärkendes Denkmuster auf mehrere Zettel, die sie an Stellen aufhängen, wo sie ins Auge springen, beispielsweise am Badezimmerspiegel oder am Kühlschrank. Ich habe auch schon einmal jedes einzelne Wort eines Paradigmas im Wörterbuch nachgeschlagen, um eine neue Verständnisebene zu erreichen und das Paradigma auch in seiner tiefer liegenden Bedeutung würdigen zu können.

Seien Sie kreativ bei der Aufstellung Ihres Denkmusters. Richten Sie Ihre Lebenskraft und Ihre Aufmerksamkeit auf die Wahrnehmung, die am akkuratesten und stärkendsten für Sie ist.

Achten Sie vor allem auch darauf, wie Sie mit anderen Menschen über sich sprechen. Reden Sie so, dass Sie damit Ihr neues Selbstbild unterstützen.

Um Ihre Ziele zu erreichen, müssen Sie nicht Ihr Handeln ändern, sondern auch die Art, wie Sie denken und fühlen. Positive, dauerhafte Veränderung entsteht, wenn Sie beides gleichzeitig anpacken.

Ein neues, stärkendes Denkmuster zu gestalten und anzuwenden ist das Geheimnis, wie Sie die Verantwortung für Ihre Ziele und Wünsche übernehmen können. Statt sich von den unsichtbaren Händen eines einschränkenden Paradigmas leiten zu lassen, lenken Sie Ihr Leben in die gewünschte Richtung. Besser könnte die Ausgangslage für die Verwirklichung Ihrer Ziele nicht sein.

FRAGE FÜNF

Was sind meine persönlichen Werte?

Es genügt nicht, Tugend zu besitzen, als wäre sie eine Kunstform. Man muss sie auch anwenden.
MARCUS TULLIUS CICERO

Was treibt Sie voran?

Dieses Buch verspricht Ihnen, Sie wieder ans Steuer Ihres Lebens zu setzen. Wenn Sie sich Ihre persönlichen Wertvorstellungen bewusst machen, können Sie besser verstehen, wo Ihre Beweggründe liegen. Warum interessieren Sie sich beispielsweise für Bücher wie dieses? Wonach suchen Sie und warum?

Was die meisten von uns antreibt, ist der Ehrgeiz, unsere Lebensqualität zu verbessern, auf eine Art, in der wir uns selbst und dem, was uns wichtig ist, treu bleiben. Vielleicht sind wir uns dieser grundlegenden Motivation im Alltag nicht immer bewusst, aber solche versteckten Triebfedern sind oft sehr stark. Je bewusster sie uns werden, desto mehr Kraft haben wir, die notwendigen Veränderungen in unserem Leben herbeizuführen.

Wenn Sie den Beweggrund für jedes Ihrer Ziele untersuchen, werden Sie erkennen, was Sie morgens dazu bringt aufzustehen. Je klarer Sie diese Dynamik sehen, desto enthusiastischer werfen Sie die warme Decke von sich, um sich ans Werk zu machen.

Wenn ich Menschen frage, was sie sich wünschen, fallen ihnen gewöhnlich Dinge ein wie: eine Beförderung, ein neues Auto, eine Urlaubsreise, mehr Geld, einen Lebenspartner/eine Lebenspartnerin, ein Kind. Aber meistens steckt noch etwas anderes hinter diesen Zielen – ein weniger offensichtliches Ziel oder ein weniger deutlicher Wunsch.

Beispielsweise denken Sie vielleicht, daß Sie sich einen neuen Wagen anschaffen wollen. Aber wünschen Sie sich das Objekt an sich oder das, was es für Sie repräsentiert? Ist es das Gefühl beim Fahren, das Vergnügen, die Mobilität? Oder geht es darum, was andere von Ihnen denken, wenn sie Sie in dem neuen Auto sehen – also um Prestige, Reichtum oder gar Macht? Wenn Sie die wahren Hintergründe aufdecken, können Sie sich voll darauf konzentrieren und haben eine größere Chance, das zu bekommen, was Sie wirklich wollen.

Vielleicht ist eins Ihrer Ziele, fitter zu werden. Wollen Sie damit einen goldenen Stern von Ihrem Arzt oder wünschen Sie sich mehr Energie und ein besseres Selbstwertgefühl? Solche Ziele basieren oft auf dem persönlichen Anliegen, für sich selbst zu sorgen.

Die Tatsache, dass wir uns oft nicht über die zugrunde liegenden unbewussten Motive im Klaren sind, erklärt auch, warum wir oft nicht zufrieden sind, wenn wir ein Ziel erreicht haben. Haben Sie je die Erfahrung gemacht, lange Zeit auf ein Ziel hingearbeitet zu haben, um sich dann enttäuscht zu fühlen, wenn Sie es endlich erreicht hatten? Häufig ist es nicht die Leistung als solche, auf die wir aus sind, sondern das Erlangen einer Erfahrung, die wir auf dem Weg zu einem bestimmten Ziel machen.

Als ich entdeckte, dass ich nicht einfach mehr Geld haben wollte, sondern die Chance, mich vollständiger zu entfalten und andere besser unterstützen zu können, erlebte ich einen großen Durchbruch in meiner Kapazität, Geld zu verdienen. Ich verband das Ziel mit zwei starken persönlichen Werten: Ausdruck meines Selbst und Unterstützung anderer. Wenn Sie eine Familie haben, ist Ihr Wunsch nach mehr Geld vermutlich nicht das Geld selbst, sondern die Chance, Ihrem persönlichen Wert gerecht zu werden, nämlich der Liebe zur Familie.

Wenn Ihr Ziel darin liegt, befördert zu werden, könnte das größere Einkommen das oberflächliche Motiv darstellen, dem aber der Wunsch nach einem Erfolgserlebnis und mehr Anerkennung dessen, was Sie sind und leisten, zugrunde liegt. Der persönliche Wert, sich selbst auszudrücken, oder der Wert der Selbstverwirklichung motiviert Sie.

Unter den erkennbaren Zielen – ein eigenes Haus, ein Auto, Geld, Reisen, Kleider – liegen die nicht greifbaren Ziele, die uns zu einer stärkeren Verwirklichung unserer persönlichen Wertvorstellungen anspornen. Wenn wir uns dieser Werte bewusst sind, haben wir ein klares Bild davon, wer wir sind, was wiederum unsere Motivation steigert, unser Leben zu verändern.

Grundlegende Lebensinhalte

Zu den größten Hindernissen auf dem Weg zur Selbstverwirklichung gehört die Annahme, dass wir immer noch nicht gut genug sind, um endlich die Person zu sein, die wir sein möchten. Dieses Gefühl hat seinen Ursprung im einschränkenden Paradigma: «Was kann ich tun, um mich selbst zu beweisen? Um gut genug zu sein?» Die Motivation, seinen Lebensinhalt zu verändern, basiert oft auf der Annahme, dass wir nicht gut genug sind und noch mehr leisten müssen, ehe wir uns unseren wirklichen Bedürfnissen zuwenden können.

Wohin führt uns dieses einschränkende Selbstbild? Wir verschwenden Unmengen von Energie, um uns selbst und unseren Wert zu beweisen. Wir halten angestrengt Ausschau nach Anerkennung, statt nach dem Ergebnis, das wir uns wünschen. Und es ist leicht, in die Falle zu gehen, dass man die Meinung anderer höher schätzt als die eigene.

Vor Jahren hat mir eine Kollegin eine lange Moralpredigt gehalten, dass ich in meiner Arbeit einen absolut egozentrischen Ansatz hätte. Mehrere Monate lang forschte ich in meinem Inneren, ehe ich erkannte, dass sie sich irrte und ihre Vorwürfe nicht zutrafen. Im Laufe dieses schmerzhaften Prozesses verschrieb ich mich noch stärker einem Leben nach meinen persönlichen Wertvorstellungen und dem Vertrauen auf meine Motivation, anderen zu helfen.

Ich habe Vorstandsmitglieder großer Unternehmen kennen gelernt, die denken und handeln, als warteten sie wie kleine Jungen noch immer auf die Erlaubnis, sich den Ball zu schnappen und davonzulaufen. Statt die Veränderungen vorzunehmen, nach denen sie sich seit der Übernahme ihrer leitenden Stellung sehnen, halten sie sich krampfhaft zurück, voller Angst, die Führungsposition in vollem Ausmaß zu beanspruchen.

Schauen Sie sich das folgende Modell an, um sich über Ihren Lebensinhalt klar zu werden. Wird er eher durch den rechten oder durch den linken Kreis definiert? Wie investieren Sie Ihre Intelligenz und Ihre Lebenskraft? Wenn Sie herausfinden, dass Lebensinhalt I eher auf Sie zutrifft, müssen Sie sich bewusst und engagiert um den Wechsel zu Lebensinhalt II bemühen, um eine grundlegende Veränderung in Ihrem Leben herbeizuführen.

Lebensinhalt I **Lebensinhalt II**

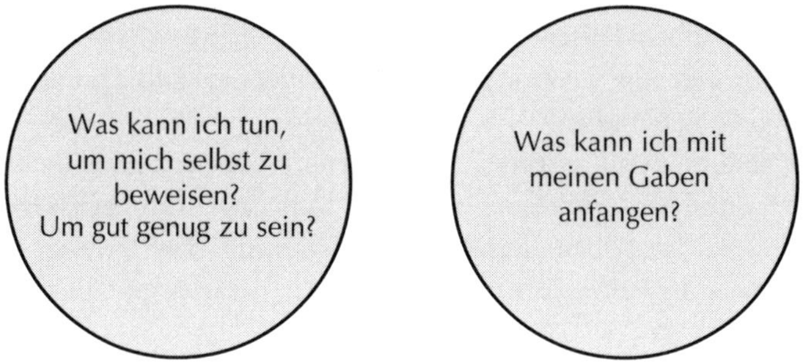

Manchmal braucht es ein wenig Zeit, um herauszufinden, welchem Lebensinhalt wir uns verschrieben haben. Als Tim und ich frisch verheiratet waren, saßen wir abends beim Essen, teilten uns eine Flasche Wein und besprachen den vergangenen Tag. Tim hatte ein Unternehmen gegründet, hatte zum ersten Mal in seinem Leben eine Führungsposition inne und trug die alleinige Verantwortung. Obgleich er sich das immer gewünscht hatte, war es jetzt, wo es endlich so weit war, ein beängstigendes und verunsicherndes Gefühl.

Jedes Mal, wenn er sich mit einer neuen Herausforderung konfrontiert sah – das erste Bargeld in Umlauf bringen, mehr verkaufen, neue Leute anlernen –, überkamen ihn Selbstzweifel, von denen er mir offen erzählte. Abend für Abend versuchte ich, ihn zu beruhigen und erinnerte ihn an seine Stärken. Monate später fiel mir auf, dass unsere Gespräche immer nach einem ähnlichen Muster abliefen, und anscheinend fühlte Tim sich überhaupt nicht besser. Mir wurde klar, dass ich Teil des Problems geworden war und sein Paradigma von Lebensinhalt I verstärkte. Wir mussten dringend mit diesem Spiel aufhören. Tim musste sich selbst Kraft geben und motivieren. Deshalb sagte ich, als er mir eines Abends wieder sein Leid klagte: «Weißt du, vielleicht hast du ja Recht. Womöglich bist du zu so etwas nicht fähig!» Das war das Ende des Spiels. Von da an übernahm Tim die Verantwortung für sein Unternehmen.

Die lebenslange Angewohnheit von Unzulänglichkeit und Minderwertigkeit kann in den gesunden und erfüllenden Lebensinhalt II umgemünzt werden: Was kann ich mit meinen Gaben anfangen?

Lebensinhalt II basiert auf einem ermutigenden Paradigma, in dem die eigenen Wertvorstellungen wichtiger sind als das Ego und das bloße Überleben. Es basiert auf dem Wunsch, etwas zu leisten, andere zu unterstützen, die eigenen Gaben bestmöglich zu nutzen und Versprechen einzuhalten. In diesem Kontext zu leben verändert die Lebenseinstellung grundlegend. Für Selbstzweifel und Angst ist keine Zeit mehr vorhanden, denn es gibt zu viel zu tun!

Lebensinhalt I konzentriert sich auf Persönlichkeit und oberflächliche Selbstverbesserung. Wenn wir uns in diesem Spiel verfangen, werden wir egozentrisch, nach innen gewandt, und wir verschwenden unsere Zeit damit, uns zu fragen, was mit uns nicht stimmt. Sicher gibt es Durchbrüche und Erkenntnisse, aber ein Mensch, der in dieser Falle sitzt, ändert die Grundfesten seiner Lebensgeschichte nicht – vielleicht beginnt gelegentlich ein neues Kapitel, aber immer unter dem Motto: Ich bin nicht gut genug.

Einer meiner ersten Lehrer gab sich alle Mühe, mir das beizubringen. Einmal sagte er zu mir: «Du erinnerst mich an einen Orangenbaum, der sich furchtbar anstrengt, dass ihm Orangen wachsen.»

Es dauerte mehrere Wochen, bis mir dämmerte, was er damit meinte, aber schließlich begriff ich. Er wollte mir sagen, dass ich mich so sehr mit meinen Selbstzweifeln beschäftigte, dass ich damit meine Zeit und meine Energie verschwendete. An einem Orangenbaum wachsen nun mal Orangen, der Baum verschwendet keine Energie, um darüber zu grübeln, ob dies womöglich nicht gelingt.

Genau das tun wir, wenn wir unsere Zeit mit Selbstzweifeln und Angst verschwenden, statt uns auf das zu konzentrieren, was wir mit dem tun können, was wir haben. Stellen Sie sich vor, dass Sie den Tag mit dem Vorsatz beginnen zu entdecken, wie Sie Ihre Talente zum Einsatz bringen können. Welchen Unterschied würde das in Ihrem Leben machen? Zu sehen, wie Menschen im Bewusstsein ihrer Stärke aktiv werden, ist ein wahrhaft inspirierendes Erlebnis.

Das erste Jahr meiner Ehe verbrachte ich damit, mich aufzuregen und von Tim mehr Liebe einzufordern. «Warum bist du ständig so müde?» «Warum kommst du nie um die Zeit nach Hause, die du versprochen hast?» «Warum ergreifst du nie die Initiative für gemeinsame Unternehmungen oder Treffen mit Freunden?», und so weiter. Kurz gesagt fragte ich ihn: «Warum liebst du mich nicht noch mehr?» Das war Lebensinhalt I in Reinkultur: Ich versuchte Tim dazu zu kriegen, mir zu beweisen, dass er mich liebte, immer und immer wieder, damit *ich* glauben konnte, dass *ich* gut genug war.

Aber eines Tages wachte ich auf. Wenn *ich* eine liebevolle Beziehung wollte, warum handelte ich dann so inkonsequent und durchaus nicht immer nach dieser Wertvorstellung? Genau genommen machte ich sogar genau das Gegenteil, indem ich eine unruhige Atmosphäre schuf, voller Vorwürfe, Klagen, Rechtfertigungen und Sorgen. Ich war diejenige, die das zu verantworten hatte. Mir wurde klar: Wenn ich eine liebevolle Partnerschaft wollte, lag es an mir, dafür zu sorgen. Ich wusste, dass wir das Zeug dazu hatten. Wenn wir etwas ändern wollten, waren wir in der Lage, dies zu tun. Aber die Frage war nicht, ob wir es konnten, sondern ob ich bereit war, die Führungsrolle zu übernehmen und aus unserer Beziehung eine liebevolle Beziehung zu machen. Es ging darum, ob ich willens war, meine Liebe nicht mehr zurückzuhalten und darauf zu warten, dass

Tim sich änderte. Es ging darum, ob ich das Spiel «Ich bin bereit, aber nur, wenn du anfängst» aufzugeben.

Die Erkenntnis, dass ich mich nicht konsequent an meine Wertvorstellungen hielt, half mir, mein Verhalten zu ändern. Vorher benahm ich mich wie ein Opfer, ich reagierte auf meine Umgebung. Ich erwartete von meinem Mann, dass er mir die Beziehung lieferte, die ich mir wünschte. Als ich anfing, so zu sein, wie ich die Beziehung haben wollte – nämlich liebevoll –, verbesserte sich unser Verhältnis zueinander rapide. Tim wurde viel liebevoller, unterstützender, romantischer, hilfsbereiter – so, wie ich es mir immer gewünscht hatte. Aber das war kein Zufall. Es hatte damit angefangen, dass ich meiner Wertvorstellung von einer liebevollen Beziehung treu wurde. Ich setzte die Erkenntnis um, dass die Ehe ein Ort der Liebe und des Vertrauens ist und nicht ein Ort, an dem mir jemand zu beweisen hat, dass ich geliebt werde.

Lebensinhalt II ist nach außen gerichtet. Er beinhaltet ein Gewahrsein der Welt und der Menschen, deren Probleme und Umstände. Doch das bedeutet keineswegs Aufopferung im Dienste anderer. An erster Stelle steht für einen Menschen, der sich im Lebensinhalt II engagiert, immer die Verantwortung für sich selbst.

Was ist Ihre Triebkraft?

Was treibt Sie morgens aus dem Bett? Warum arbeiten Sie so hart? Was motiviert Sie? Vielleicht lautet Ihre automatische Antwort, dass Sie keine andere Wahl haben – Sie sind Opfer der äußeren Umstände. Aber gehen Sie diesmal über diese Bewusstseinsebene hinaus und analysieren Sie genauer, was Sie da eigentlich im Schilde führen.

Wer sind Sie und welchen Werten wollen Sie in Ihrem Leben folgen? Finden Sie die Triebkraft, die so stark ist, dass Sie sie dazu motivieren könnte, ein neues Leben anzufangen. Nehmen Sie sich die Zeit, den Antrieb zu entdecken, der Sie stark genug macht, um nach neuen Denkmustern zu leben, die Sie für sich aufgestellt haben.

Wenn Sie das tun, sagen Sie sich: «Mir reicht's! Ich bin gut genug und bereit, endlich etwas zu tun.» Mit dieser Entschlossenheit können Sie die Selbstzweifel und das Theaterspielen, die wir im Spiegeleimodell veranschaulicht haben, durchbrechen und sich selbst in Ihrem Leben vollständiger zum Ausdruck bringen. Sie können Ihre Trägheit, Ihre Enttäuschungen, Ihre Ausreden und Ihre Resignation überwinden und ein erfülltes und erfolgreiches Leben beginnen.

Was sind Ihre persönlichen Wertvorstellungen?

Ihre Wertvorstellungen sind Ihre persönlichen Prinzipien oder Maßstäbe – Ihre Entscheidung darüber, was in Ihrem Leben wichtig und wertvoll ist. Wertvorstellungen sind tief verwurzelte Überzeugungen, die jeder von uns im Herzen und in der Seele trägt. Wir wollen, dass sie unsere Arbeitsweise, unsere Entscheidungen und unser Verhältnis zu denen bestimmen, die wir lieben. Sie bilden die Basis jedes menschlichen Wesens.

Wenn Sie sich Ihrer persönlichen Werte und Ihres Engagements bewusst werden, haben Sie weniger Aufmerksamkeit für versteckte, destruktive, negative Triebkräfte wie beispielsweise:

- Bitterkeit
- Rache
- das «Denen-werd-ich's-zeigen»-Syndrom
- Märtyrertum
- den Wunsch, dass es den anderen irgendwann Leid tut, wie sie Sie behandelt haben

Eine Möglichkeit herauszufinden, was im großen Zusammenhang wirklich wichtig ist, besteht darin, über den eigenen Tod nachzudenken. Wie soll man sich an Sie erinnern? Was soll auf Ihrem Grabstein stehen? Was soll man an Ihrem Grab über Sie sagen? Vor allem: Wofür möchten Sie bewundert werden?

Bei meiner Arbeit mit Menschen tauchen bestimmte persönliche Wertvorstellungen immer wieder auf. Sie sind fundamental, unbestreitbar und treffen für viele Menschen zu. Auf den Listen stehen häufig Dinge wie:

- Integrität
- mich um mich selbst kümmern
- meine Familie lieben
- Selbstverwirklichung
- etwas Sinnvolles leisten
- Versprechen einhalten
- Ehrlichkeit
- Vertrauen
- Seelenruhe
- Glück
- Mitleid mit anderen
- Respekt
- das Gefühl, etwas geleistet zu haben
- das Beste geben
- sich selbst ausdrücken

Denken Sie über Ihren persönlichen Lebensinhalt und Ihre Werte nach. Stellen Sie sich Fragen wie:

- Welche Werte repräsentieren das, was ich bin?
- Welche Werte möchte ich zum Ausdruck bringen?
- Was wünsche ich mir vom Austausch und der Zusammenarbeit mit anderen?
- Welche Wirkung möchte ich auf andere ausüben?

Was sind meine persönlichen Werte?

Nehmen Sie sich jetzt Zeit, Ihre persönlichen Wertvorstellungen aufzuschreiben.

Das Ziel liegt darin, Ihre Werte zu klären und sie sich in Ihrem Herzen und in Ihren Gedanken bewusster zu machen. Grundlegende Prinzipien und Werte verändern sich nicht. Ob Ihre Überzeugung von diesen Wertvorstellungen in Ihrem Alltag zum Ausdruck kommt oder nicht, wird später untersucht. Glauben Sie an Ihre Prinzipien!

Wenn Sie sich an Situationen erinnern, in denen Sie sich nicht Ihren Wertvorstellungen gemäß verhalten haben, sagen Sie sich, dass Sie nicht Sie selbst gewesen sind. Wir machen alle Fehler – aber wir können aus ihnen lernen und sie überwinden. So ist das Leben. Solange Ihre Wurzeln stark sind, können Sie immer weiterwachsen. So ist die Natur.

Jenseits der Annehmlichkeiten

Ein Leben auf der Grundlage persönlicher Wertvorstellungen führt unweigerlich in Bereiche, in denen man von anderen Dingen motiviert wird als von der Aufhäufung möglichst vieler Annehmlichkeiten – unserer materiellen Welt und ihren Reizen. An ihnen ist nichts auszusetzen, aber sie sind doch eher die Meilensteine am Wegrand und nicht der wahre Sinn des Lebens. Es geht hier nicht um Askese, weit gefehlt. Aber der Zweck dieser Annehmlichkeiten und die Freude, die sie uns bringen, liegt darin, dass sie unseren Geist nähren und regenerieren, damit wir besser in der Lage sind, unsere Wertvorstellungen und Ziele zu verwirklichen.

Die achtziger Jahre werden oft als Jahrzehnt der Gier bezeichnet – eine Zeit, in der sich viele in die Jagd nach Annehmlichkeiten verwickeln ließen. Ich kenne viele Menschen, die in dieser Zeit nicht im Einklang mit ihren Wertvorstellungen lebten. Sie waren sich selbst und anderen gegenüber nicht ehrlich.

Wenn Sie Ihre persönlichen Wertvorstellungen leben und kommunizieren, sind Sie motiviert, Ihre Zukunftspläne auch umzusetzen. Achten Sie darauf, wenn Sie merken, dass Sie sich treu sind, und würdigen Sie es – loben Sie sich selbst, das spornt an. Einer meiner Klienten macht jeden Abend vor dem Einschlafen einen «pillow check», wie er es nennt, das heißt, er lässt sich die Ereignisse des Tages noch einmal durch den Kopf gehen. Er überlegt sich, worauf er stolz ist und wo er seine Sache hätte noch besser machen können.

Trauen Sie sich zu sein, wer Sie sind! Durchbrechen Sie die Barrieren von Selbstzweifel und «So tun, als ob» und bringen Sie Ihr wahres Selbst zum Ausdruck. Die ersten Schritte aus dem Versteck können beängstigend sein, aber das Gefühl der Freiheit und Erfüllung ist enorm.

FRAGE SECHS

Welche Rollen spiele ich in meinem Leben?

Es passiert häufig, dass ich nachts aufwache, anfange über ein ernstes Problem zu grübeln, mit dem ich nicht weiterkomme, und dann beschließe, das muss ich dem Papst erzählen. Dann werde ich richtig wach und erinnere mich daran, dass ich der Papst bin.

PAPST JOHANNES XXIII.

Warum über Rollen nachdenken?

Die Antwort auf diese Frage verschafft Ihnen einen Überblick über verschiedene Aspekte und Verantwortlichkeitsbereiche Ihres Lebens. Mich hinzusetzen und über die verschiedenen Rollen nachzudenken, die ich spiele, hat mich noch jedes Mal wieder zur Vernunft gebracht, wenn ich mich fragte, wohin ich mich bewege oder weshalb ich mich aufreibe.

Wenn Sie sich Ihr Leben aus der Perspektive der Rollen ansehen, die Sie spielen, realisieren Sie, wie vielfältig die Lebensbereiche sind, die Sie unter einen Hut bringen, während Sie selbst im Zentrum des Ganzen bleiben und die Sache dirigieren.

Sie gewinnen zahlreiche Erkenntnisse, wenn Sie über die verschiedenen Rollen in Ihrem Leben nachdenken:

1. *Es weist Ihnen die Richtung.* Ganz gleich, ob ich mich in meiner Rolle als Mutter oder als Beraterin sehe, ich kann ein Gefühl meiner selbst entwickeln und den Fluss meines Lebens wahrnehmen – wohin es fließt, was ich mir von ihm wünsche. Ich sehe mich selbst im Zentrum, ich bestimme, wohin die Reise geht und behalte dabei meinen Kurs im Auge.

Wenn Sie über Ihre Rollen nachdenken, sind Sie fähig, sich selbst eine Richtung zu geben und Ihrem Leben einen Sinn zu verleihen, der darüber hinausgeht, einfach nur zurechtzukommen. Sie schaffen ein Kontinuum von Werten, die es Ihnen ermöglichen, Ihr Selbstgefühl zu stärken – Ihr Gefühl, dass Sie jede Rolle in Ihrem Leben selbst bestimmen. Sie sind nicht länger der Illusion verhaftet, Sie hätten keine Wahl.

2. *Es stellt Ihre Person – das, was Sie sind, und Ihre Werte – in den Mittelpunkt Ihres Lebens.* Wenn Sie die Verbindung schaffen zwischen Ihren Rollen und wie Sie diese ausüben, können Sie überlegen, wie Sie die einzelnen Rollen spielen möchten, um sie mit Ihren Wertvorstellungen in Einklang zu bringen.

Bewusstheit ist alles. Schon wenn Sie über Ihre Rollen und Ihre Werte nachdenken, verändern Sie Ihre Sicht von sich und Ihrem Leben. Das hilft Ihnen mehr als alles andere, das Steuer wieder in die Hand zu nehmen.

Wenn Sie sich auf Ihre Rollen und Werte konzentrieren, verflüchtigen sich Zweifel und Angst. Beispielsweise werden Sie merken, dass die Wertvorstellung «Meine Familie lieben» unumgänglich darin Ausdruck findet, dass Sie sich in Ihrer Rolle als Partner und Elternteil durchsetzen.

3. Lebensinhalt II wird selbstverständlich. Wenn Sie Ihr Leben aus der Perspektive Ihrer Rollen betrachten, blicken Sie natürlich nach außen. Es ist schwer, sich in Selbstmitleid oder Selbstzweifeln zu suhlen, wenn Augen und Aufmerksamkeit nach außen gerichtet sind.

Denken Sie an eine Situation, in der Sie einem Freund in Nöten geholfen haben. Haben Sie sich gefragt, ob Sie dazu in der Lage sind, oder haben Sie einfach losgelegt und getan, was getan werden musste, so gut Sie eben konnten?

Wenn Sie sich bewusst sind, dass Sie die Rolle eines Freundes spielen möchten, und ein inneres Bild davon haben, wie Sie sich dabei verhalten wollen, löst sich der Drang nach Bestätigung und Anerkennung auf. Sie als Person stehen nicht mehr im Scheinwerferlicht. Ihre Aufmerksamkeit verlagert sich von der Persönlichkeit auf die Wertvorstellungen. Das Ego tritt in den Hintergrund, Gedanken wie «Mache ich das auch gut?» verschwinden.

4. Es bringt Ihr Leben ins Gleichgewicht. Eine der häufigsten Sorgen, die ich im Lauf der Jahre gehört habe, lautet, das Leben der betreffenden Person sei aus dem Gleichgewicht. Ein oder zwei Lebensbereiche erfordern zu viel Zeit und Aufmerksamkeit, andere bekommen nicht genug. Der Preis dafür ist hoch.

Allzu oft habe ich Workaholics mittleren Alters kennen gelernt, die nach zwanzig Jahren Einzelgängerdasein entdeckten, dass sie ganz allein dastanden und dass es so gut wie unmöglich war, die Brücken wieder aufzubauen, die aus Mangel an ständiger Pflege eingestürzt waren. Dabei hätte es gar nicht so viel Mühe gekostet, sich um Beziehungen zu kümmern – und, wie ich glaube, auch keine Einbußen im beruflichen Erfolg mit sich gebracht. Möglicherweise wäre der Erfolg sogar noch größer gewesen.

Wenn Sie aus der Perspektive Ihrer einzelnen Rollen die Dinge betrachten, können Sie sicher sein, alle Aspekte Ihres Lebens im Auge zu behalten. Eine mögliche Art, dies zu erreichen, ist ein kurzer wöchentlicher Rückblick, bei dem Sie sich Ihre Rollen ins Gedächtnis rufen und das, was Sie in jeder von ihnen in der nächsten Woche am dringendsten erreichen wollen. Dadurch können Sie sich selbst überprüfen und sich den Zielen, die Sie sich fürs nächste Jahr gesetzt haben, Schritt für Schritt nähern. So baut sich neuer Elan auf, Ihre persönliche Stärke und Energie nehmen zu, während Sie sich selbst und dem gegenüber, was Ihnen wichtig ist, immer ehrlicher werden.

Diese einfache Methode hilft Ihnen, dafür zu sorgen, dass Sie nicht in ein Tief gezogen werden, weil Sie Ihre Aufmerksamkeit nur auf eine einzige Rolle oder nur ein einziges Projekt innerhalb einer Rolle gerichtet haben. Natürlich widmen Sie der einen Rolle pro Woche mehr Zeit als einer anderen, versuchen Sie aber dennoch, jeder Ihr Bestes zu geben, um etwas Wichtiges zu erreichen. Dabei braucht das Wichtigste oft nicht unbedingt auch am meisten Zeit – beispielsweise dauert es nur einen Moment, mit einem Mitmenschen eine herzliche Verbindung aufzunehmen, sei es innerhalb oder außerhalb der Familie. Denn viel Stress, Sorgen und Depressionen kommen daher, dass Sie Ihre Aufmerksamkeit enger ausrichten, als es Ihnen gut tut.

5. *Es steigert Ihre natürliche Motivation.* Wenn Sie Entscheidungen treffen, die Sie für richtig erachten, und diese auch durchziehen, vergrößert das Ihren Schwung und Ihre natürliche Energie. Dieser positive Kreislauf bekommt eine Dynamik, die Sie ganz von selbst

dazu bringt, die Veränderungen herbeizuführen, die Sie sich wünschen – nicht um besser zu werden, sondern um Ihre Rollen effektiver gestalten zu können.

Wenn wir uns selbst treu sind und das tun, was uns wirklich am Herzen liegt, leben wir unser Leben in Echtheit.

Eine der wichtigste Lektionen, die ich gelernt habe, ist die Erkenntnis, dass viele Sorgen ihren Ursprung in einem Mangel an Echtheit haben. Wenn Sie zu Ihren verschiedenen Rollen stehen, kann Ihnen das helfen, Ihr Leben unverfälscht zu gestalten. Energie und Begeisterung kehren zurück und es fällt Ihnen leicht, weitere Pläne in Angriff zu nehmen.

Welche Rollen spielen Sie?

Während Sie Ihre Rollen definieren, sollten Sie daran denken, dass diese Liste nur zurzeit zutrifft. Oft ergibt sich die Notwendigkeit, alte Rollen fallen zu lassen, neue hinzuzufügen oder Rollen entsprechend den Umständen anzupassen.

Überlegen Sie zunächst, welche Rollen Sie zurzeit spielen:

- Wofür bin ich in meinem Leben verantwortlich?
- Was tue ich am Tag? An den Wochenenden?
- Wie könnte ich die Rolle benennen, die ich bei der jeweiligen Aktivität spiele?

Denken Sie jetzt an die Rollen, auf die Sie nicht aktiv konzentriert sind, bei denen Sie aber das Gefühl haben, Sie sollten mehr damit anfangen. Ist Ihre Beziehung zu Ihren Eltern beispielsweise so, wie Sie es sich wünschen? Vielleicht haben Sie Ihrer Rolle als Sohn oder Tochter in den letzten Jahren nicht genug Aufmerksamkeit geschenkt, wollen das aber jetzt ändern. In diesem Fall würde die Rolle des aufmerksamen Sohns oder der Tochter jetzt auf Ihrer Liste auftauchen.

Lassen Sie auch Ihre Fantasie zum Zug kommen. Welche Rollen würden Sie gerne zusätzlich spielen? Bevor ich dieses Buch geschrieben habe, tauchte die Rolle der Schriftstellerin erstmalig auf meiner Liste auf, obwohl ich zu Anfang des Jahres, als ich meine Liste aufstellte, noch kein Wort geschrieben hatte. Dass ich sie trotzdem aufnahm, gab mir den Impuls, den ich brauchte. Wie wäre es mit Maler, Abenteurer, Schauspieler, Student, Verkäufer, Matrose – was ist Ihre Traumrolle?

Hier ein paar Beispiele für die Rollen, die man spielen kann:

Vater/Mutter	Liebhaber
Sohn/Tochter	Ehepartner
Familienmitglied	Koch
Hausbesitzer	Freund
Manager	Dichter
Regisseur	Designer

Meiner Überzeugung nach sollte eine Rolle vor allem darauf abzielen, dass Sie sich um Ihre Person kümmern – dass Sie Ihr eigener Coach sind, derjenige, der für Sie sorgt. Wie Sie die Rolle auch immer benennen wollen – Sie müssen sich um sich selbst kümmern, damit Sie sich auch um andere kümmern und Verantwortung tragen können. Sie spielen all diese Rollen und brauchen Kraft, Durchhaltevermögen, Gesundheit und Inspiration, um Ihr Leben gemäß Ihren Wertvorstellungen zu führen. Wenn Sie jede Woche eine kurze Bestandsaufnahme Ihrer Leistungen und Ihrer Vorsätze in jeder einzelnen Rolle machen, können Sie darüber nachdenken, was Sie für sich tun wollen und müssen. Ein Leben, das sich an Lebensinhalt II orientiert, ignoriert das Selbst nicht, ganz im Gegenteil. Es ist unmöglich, die vielen Rollen auch nur annähernd effektiv zu spielen, wenn Sie ausgelaugt, gestresst und verbittert sind.

Überlegen Sie, welche Rollen Sie zur Zeit spielen, welche Sie gern ausbauen würden, welche Sie neu hinzufügen möchten.

Schreiben Sie die Rollen auf und überlegen Sie, ob sich manche Rollen zusammenfassen lassen, damit Sie nicht mehr als acht Rollen in Betracht ziehen müssen.

Meine aktuellen Rollen:

1. ______________________________
2. ______________________________
3. ______________________________
4. ______________________________
5. ______________________________
6. ______________________________
7. ______________________________
8. ______________________________

Wenn Ihre Rollenliste vollständig ist, zählen Sie die Rollen. Wie viele sind es? Falls Sie mehr als sieben oder acht aufgeschrieben haben, empfehle ich Ihnen, ein paar zusammenzulegen, um Ihre Kraft zu zentrieren. Genau wie ein Manager die Zahl der Angestellten beschränken muss, wenn er jeden Einzelnen anleiten und unterstützen will, sollten auch Sie Ihre Rollen eingrenzen, um sie managen zu können. Werfen Sie das komplizierte Leben über Bord und meiden Sie das Gefühl, überwältigt zu werden. Sorgen Sie für Bedingungen, unter denen Sie gewinnen können.

Unser Leben zerfasert im Detail.
Sorgt, dass es einfach sei!
HENRY DAVID THOREAU

Dieses Jahr sind meine Rollen:

1. Jinnys Coach
2. Schriftstellerin
3. Beraterin
4. Ehefrau
5. Mutter
6. Mitglied einer Familie
7. Freundin
8. Hausfrau

Um die Sache zu vereinfachen, ist alles, was mit der Versorgung von Haus, Auto und Geld zu tun hat, in meiner Rolle als Hausfrau zusammengefasst. Meine Beziehung zu meinen Schwiegereltern und Tanten, Onkeln, Schwester, Brüdern, Nichten und Neffen bilden meine Rolle als Teil einer Familie.

Wie Sie verschiedene Rollen und persönliche Wertvorstellungen miteinander verbinden

Inzwischen verfügen Sie über zwei wichtige Informationen über sich selbst: Ihre persönlichen Werte und Ihre Rollen. Um die beiden in Ihr Denken zu integrieren, betrachten Sie nebenstehende Grafik.

Ein Mann seine Rollen auf der linken Seite der Tabelle eingetragen und seine Werte oben. Nun kann er klarer darüber nachdenken, wie er seine persönlichen Wertvorstellungen in den verschiedenen Bereichen seines Lebens zum Ausdruck bringen möchte. Er überdachte jede Rolle ausführlich und fragte sich dabei: «Ist dieser Wert bei dieser Rolle besonders wichtig?» Natürlich gibt es bei jeder Rolle Raum für verschiedene Werte, aber um eine spezifische Rolle zu definieren, wählte er die Werte, die ihm für den Erfolg in der betreffenden Rolle besonders wichtig erschienen.

Ein Raster, in das Sie Ihre persönlichen Werte und Rollen eintragen können, finden Sie auf Seite 114.

		Persönliche Werte							
		Liebe	Ehrlichkeit	Vertrauen	Integrität	mein Bestes geben	Mitgefühl	Verantwortung	Bestimmtheit
Rollen	Persönlicher Coach	x	x				x	x	
	Manager			x	x	x			x
	Verkäufer				x			x	
	Ehemann und Vater	x	x	x			x		x
	Mitglied der Kirchengemeinde	x			x	x	x		
	Teil einer Familie	x						x	
	Freund		x	x			x		
	Hausbesitzer				x			x	
		Bedeutung der einzelnen Werte in der jeweiligen Rolle							

Mit dem gleichen Schema, auf dem Sie nun bestimmt haben, welche Werte Sie in einer Rolle am meisten ausdrücken wollen, können Sie auch eine rasche Selbsteinschätzung vornehmen. Wie kommt Ihr aktuelles Verhalten in jeder Rolle zum Ausdruck? Benutzen Sie einen andersfarbigen Stift und umkreisen Sie die Werte, die Sie gegenwärtig in einer bestimmten Rolle ausdrücken. Gehen Sie eine Spalte nach der anderen durch und überprüfen Sie, ob Sie den betreffenden Wert in der jeweiligen Rolle so zum Ausdruck bringen, wie Sie es sich wünschen. Dadurch können Sie feststellen, wo Sie zurzeit stehen, und Sie befinden sich von Anfang an in einem positiven Denkmuster.

Nun können Sie Ihren Blickwinkel erweitern und sich an die Planung und Umsetzung Ihrer weiteren Ziele machen. Sie werden bewusster und beginnen, Ihr Leben in neue und stärkende Bahnen zu lenken. Wenn Sie sich auf bestimmte Rollen und Werte kon-

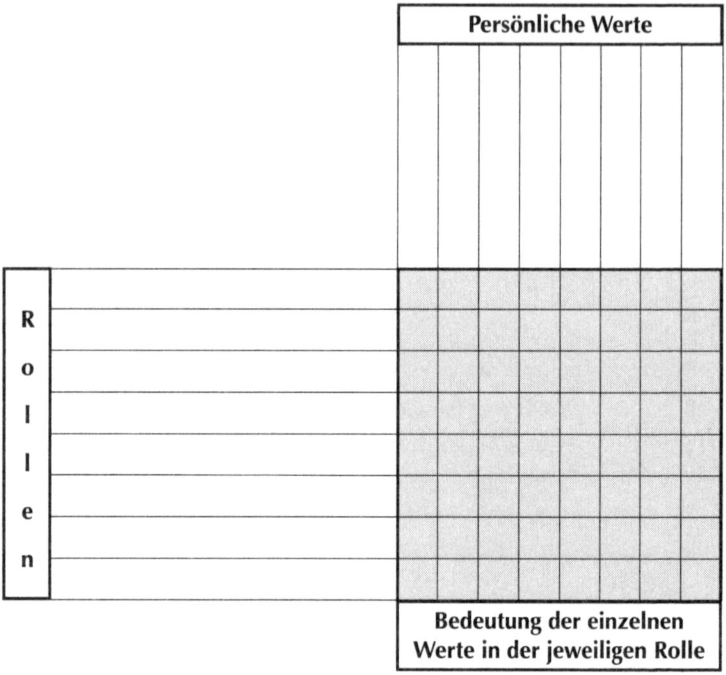

zentrieren, sind Sie weniger gestresst und fühlen sich erfüllter. Sie haben eine Methode, wie Sie den Dingen einen Sinn geben und sich selbst regelmäßig wieder ins Gleichgewicht bringen können.

Es erfordert Mut und Entschlossenheit, tiefer zu erkennen, wer man ist und was man vom Leben will, aber die Erkenntnisse, die man daraus gewinnt, sind jede Disziplin wert. Ihre persönlichen Wertvorstellungen und die Absicht, die Sie mit der jeweiligen Rolle verfolgen, können die Führung in Ihrem Leben übernehmen, es formen und leiten. Seien Sie jetzt eine Weile egoistisch, damit Sie entscheiden können, wo Sie stehen und wofür Sie stehen.

Einer der Hauptvorteile eines selbstbestimmten Lebens ist eine erhöhte Zielstrebigkeit, die es Ihnen erleichtert, schwierige Fragen zu beantworten wie: «Wer bin ich?», «Was tue ich hier?», oder: «Was ist der Sinn des Ganzen?»

Wie wollen Sie Ihre einzelnen Rollen spielen?

Obwohl sich dieses Konzept ganz bewusst nur auf die nächsten zwölf Monate Ihres Lebens bezieht, können Sie hier durchaus auch eine langfristige Vision entwickeln, wie Sie eine bestimmte Rolle gestalten möchten. Wenn in Ihrem Kopf ein Bild einer bestimmten Rolle auftaucht, werden Sie ganz selbstverständlich von dieser Richtung angezogen.

Nehmen Sie sich zehn Minuten Zeit, um Ihre Rollenliste noch einmal durchzusehen. Konzentrieren Sie sich kurz auf jede Rolle, und stellen Sie sich in jeder Rolle vor, wie genau Sie Ihre Werte und das, was Ihnen am wichtigsten ist, zum Ausdruck bringen wollen. Während Sie die Rollen durchgehen, fragen Sie sich: «Wie wird das aussehen? Sich anfühlen? Klingen?»

Überlegen Sie, wie Sie in dieser Rolle gesehen werden möchten. Dies ist nur ein vorläufiges Nachdenken und Planen, aber dadurch beginnen Sie, die Grundlagen für die jeweilige Rolle zu bestimmen. Welche Ergebnisse wünschen Sie sich für Ihren Einsatz in der jeweiligen Rolle? Welche Richtlinien und welche Ratschläge möchten Sie sich geben? Hier ein paar Beispiele:

- In meiner Rolle als Ehefrau möchte ich mehr Anerkennung zeigen und weniger nörgeln.
- Als Ehemann möchte ich meiner Frau besser zuhören.
- Wenn ich mit meinem Sohn rede, möchte ich mehr nachfragen und seinen Antworten wirklich zuhören.
- Ich möchte mit meinen Freunden ehrlicher und hilfsbereiter umgehen und sie wissen lassen, was ich wirklich fühle.
- Ich möchte meiner Familie allgemein mehr Dankbarkeit und Lob entgegenbringen.
- Am Arbeitsplatz möchte ich offen sagen, was ich denke.

Beim Beantworten von Frage sieben und acht dieses Programms werden Sie Ihre Aufmerksamkeit noch stärker auf Ihre Ziele für das nächste Jahr lenken. Wenn Sie in Gedanken ein umfassendes Bild vor sich sehen, hilft Ihnen das bei der Entscheidung, wie Sie vorgehen wollen und welche Veränderungen Sie im nächsten Jahr anstreben in dem Bewusstsein, dass jede Sie den Zielen näher bringt, die Sie für sich selbst bestimmen.

Behalten Sie stets Ihre wichtigste Rolle im Gedächtnis: Sie müssen für sich selbst sorgen. Was möchten Sie für sich tun, damit Sie Ihre Rollen so spielen können, wie Sie es für richtig halten? Welchen Rat geben Sie sich, wenn Sie sich fragen, wie Sie in jeder Rolle liebevoll, gesund, ruhig und glücklich werden können?

Während Sie sich in Ihren Rollen sehen, achten Sie ganz besonders darauf, dass Sie sich um Ihre Bedürfnisse kümmern – also Ihre wichtigste Rolle spielen. Es ist unabdingbar, dass Sie das tun, denn nur so werden Sie stärker, flexibler und widerstandsfähiger – wenn Sie im Zentrum Ihres Lebens stehen und nicht von äußeren Kräften bestimmt werden.

FRAGE SIEBEN

Auf welche Rolle will ich mich im nächsten Jahr konzentrieren?

Erwähne nie das Schlimmste. Lass es aus deinem Bewusstsein herausfallen. Diese Methode konzentriert all unsere Kräfte auf das Erreichen des Besten.
NORMAN VINCENT PEALE

Der Lebensüberblick

Bevor Sie entscheiden, welche Rolle im nächsten Jahr Ihr Schwerpunkt sein soll, geben Sie sich die Gelegenheit, sich Ihr Leben und Ihre Rollen von oben anzusehen. Stellen Sie sich vor, Sie fliegen in einem Helikopter über Ihr Leben und blicken auf alles herab. Sehen Sie sich selbst umherhasten, Ihre Rollen spielen und Ihre Pflichten erfüllen. Gestatten Sie sich eine neutrale Perspektive, um Ihr Leben als Ganzes einzuschätzen, ehe Sie sich entscheiden, worauf Sie Ihre Aufmerksamkeit im kommenden Jahr setzen wollen.

Zweck des siebten Schritts in diesem Konzept ist es, die Kräfte in Ihrem Leben zu sammeln, indem Sie eine Ihrer Rollen in den Mittelpunkt Ihrer Aufmerksamkeit rücken. Andere Rollen haben natürlich ebenfalls ein Ziel, aber es wird einen Bereich geben, in dem Sie jetzt die meisten Verbesserungen oder Veränderungen vornehmen wollen oder müssen.

Während Sie sich Ihr Leben so von oben ansehen, können Sie sich ein Urteil darüber bilden, wie die Dinge momentan stehen. Sind manche Aspekte Ihres Lebens befriedigender und lohnender als andere? Gibt es in Ihrem Leben ein grundsätzliches Gleichgewicht oder erkennen Sie Aspekte, die besser integriert werden sollten? Was fehlt in Ihrem Leben zurzeit? Bekommt etwas zu viel Aufmerksamkeit? Etwas anderes vielleicht zu wenig?

Das nun folgende Lebensüberblick-Modell soll Ihnen helfen, Ihr gegenwärtiges Leben und Ihre Leistung in den aktuellen Rollen einzustufen. Es veranschaulicht, wie Sie sich in der jeweiligen Rolle einschätzen, wenn Sie das neue Jahr beginnen. Außerdem zeigt es Ihnen deutlich, in welchem Maße Sie sich im Gleichgewicht fühlen.

Als Beispiel bringe ich meinen Lebensüberblick, den ich zu Beginn des Jahres erstellt habe, als ich dieses Buch anfing. Jede Speiche des Rads versinnbildlicht eine meiner Rollen. Auf einer Skala von 1 bis 10 habe ich darauf meine Leistung in jeder Rolle eingestuft. So hatte ich die Chance, über meine Situation nachzudenken, ehe ich für das nächste Jahr meinen Schwerpunkt wählte.

Da ich zu diesem Zeitpunkt noch nicht schrieb, war Schriftstellerin eine neue Rolle für mich. Ich stufte sie deshalb mit einer 1 ein, mein niedrigster Punktwert. Da ich in meine Rolle als Ehefrau und Beraterin eine Menge Zeit und Energie investiert und durchaus zufrieden stellende Ergebnisse erreicht hatte, wertete ich meine Leistung hier beide Male mit einer 9.

Mein Skalenwert als Hausfrau war 7,5 – ich war zwar mit meiner Leistung zufrieden, aber in gewissen Bereichen auch frustriert, weil ich vieles von dem, was ich im und ums Haus hatte tun wollen, nicht erledigt hatte. Aktenordner quollen über, Fotos warteten in großen Stapeln darauf, eingeklebt zu werden, meine Auswahl an Gerichten war ziemlich gering und inzwischen allen mehr als vertraut, die Pflanzen ließen die Köpfe hängen oder waren bereits tot... Ganz offensichtlich war ich meinen Wertvorstellungen in punkto Haushaltsführung nicht überall nachgekommen. Deshalb gab es insgesamt nur eine 7,5.

Lebensüberblick: Einschätzung von Leistung und Gleichgewicht

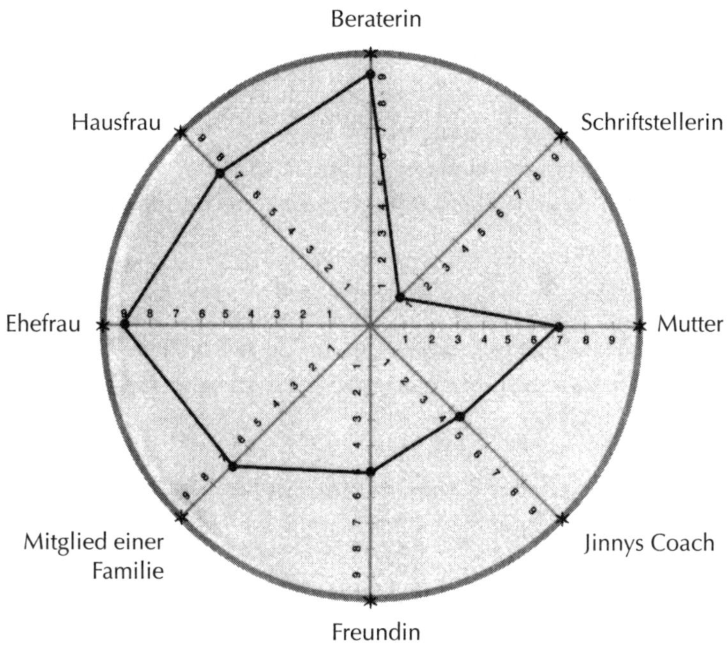

Meine größte Sorge galt in dieser Zeit meiner Leistung als Jinnys Coach, also darin, wie ich mich um mich selbst kümmerte. Dies war keine neue Erkenntnis. Ich war erschöpft, hatte gesundheitliche Probleme, mit denen ich zwar irgendwie fertig wurde, ohne sie jedoch richtig anzupacken. Zwar machte ich jeden Tag etwas Sport, aber ich ernährte mich nicht gut, hatte zugenommen und fühlte mich unwohl. Deshalb reichte es auch nur für eine 4,5 – was die Notwendigkeit von Veränderungen in diesem Bereich unterstrich. Aus der Darstellung meiner Lebensbetrachtung lässt sich leicht ersehen, wo ich aus dem Gleichgewicht war und wo ich Verbesserungen brauchte und wollte.

Im Folgenden finden Sie ein Lebensüberblick-Modell für Sie zum Ausfüllen. Ehe Sie Ihre Leistungen in Ihren jeweiligen Rollen einstufen, überlegen Sie, was bei Ihnen einen Punktwert von 10 be-

Lebensüberblick: Einschätzung von Leistung und Gleichgewicht

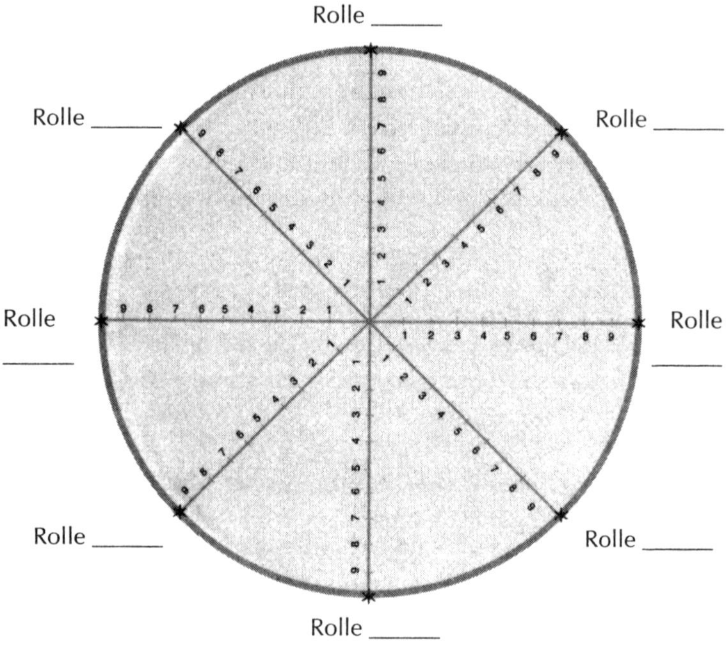

kommen würde. Widerstehen Sie der Versuchung zu denken, dass Sie bestimmt niemals eine 10 in irgendeiner Rolle erreichen werden. Wie würden Sie sich verhalten, um in dieser Rolle eine 10 zu erhalten? Welche Ergebnisse würden Sie feststellen? Wie würden Ihre Beziehungen dann aussehen? Sie stellen hier Ihre eigenen Maßstäbe auf, also legen Sie los!

Wenn Sie weniger als acht Rollen haben, wollen Sie vielleicht lieber Ihr eigenes Schaubild mit der entspechenden Anzahl von Speichen erstellen. Wenn Sie mehr haben, fassen Sie Ihre Rollen zusammen, bis Sie bei acht ankommen.

Gebrauchsanweisung für den Lebensüberblick:

1. Schreiben Sie ans Ende jeder Speiche die Bezeichnung einer Ihrer Rollen.

2. Jede Speiche ist in zehn Segmente unterteilt. Tragen Sie darauf Ihre geschätzte Leistung ein, wobei 10 – das Sternchen am Ende jeder Speiche – den höchsten Wert darstellt. Zum Beispiel: Wenn Sie mit Ihrer Leistung voll und ganz zufrieden sind, stufen Sie sich mit einer 10 ein; sind Sie zu fünfzig Prozent mit sich zufrieden, geben Sie sich eine 5. Wenn Sie in dieser Rolle gar nichts getan haben oder Ihre Leistung stark zu wünschen übrig ließ, erhalten Sie vermutlich eine 1.
3. Verbinden Sie die Linien, um Ihre Leistungen im Allgemeinen zu beurteilen und ein Bild von Ihrem Gleichgewichtszustand zu erhalten.

Wenn Sie sich Ihren Lebensüberblick anschauen, fragen Sie sich Folgendes:

- Was bedeuten diese Ergebnisse für mich?
- Was kann ich über mein Leben ablesen?
- In welcher Rolle bin ich am besten/am schlechtesten?
- Was will ich als Erstes ändern?

Lassen Sie sich von Ihrer Intuition leiten und horchen Sie auf innere Botschaften, sowohl negativer als auch positiver Art. Bemühen Sie sich, den Prozess als Beurteilung, nicht als Verurteilung anzusehen. Steigern Sie Ihre Selbstwahrnehmung als außenstehender Beobachter – als Ihr eigener Vorstandsvorsitzender sozusagen. Nutzen Sie diese Gelegenheit, sich die aktuelle Realität Ihres Lebens vor Augen zu führen.

Nun geht es darum, darüber nachzudenken, auf welche Rolle Sie sich im kommenden Jahr konzentrieren wollen.

Wozu den Schwerpunkt auf eine Rolle legen?

Das Leben erscheint weniger kompliziert und sinnvoller, wenn Sie sich auf diese Art von Lebensbetrachtung einlassen. Sobald Sie den Workshop in Teil drei durchgearbeitet haben, stehen Sie wieder im normalen Leben, mit seinem Trott und seinem Trubel. Um auf dem

Weg der von Ihnen angestrebten Veränderungen zu bleiben, wenn die üblichen alltäglichen Herausforderungen auftauchen, ist es wichtig, dass Sie eine bestimmte Rolle auswählen, auf die Sie sich konzentrieren wollen und die Sie durchs nächste Jahr leiten kann. Das klingt vielleicht leicht, aber garantiert werden unerwartete Zwischenfälle und Störungen auftauchen.

Vereinfachen Sie Ihr Leben, indem Sie sich auf bestimmte Aspekte konzentrieren. Bringen Sie Ihre Kräfte auf einen bestimmten Kurs, um die Veränderungen zu erreichen, die Sie durchsetzen wollen.

Denken Sie an das Lebensüberblick-Rad: Wie soll es in einem Jahr aussehen? Wenn Sie Ihre Energien auf eine Rolle konzentrieren, wird Ihre Leistung schon auf Grund Ihrer gesteigerten Aufmerksamkeit besser.

Haben Sie als Kind das Experiment mit der Lupe gemacht? Wir sollten ein trockenes Blatt suchen und das Sonnenlicht durch die Lupe auf eine Stelle des Blatts richten. Es ging nicht lange, da fing das Blatt genau an der Stelle Feuer, auf die wir die Sonnenstrahlen gebündelt hatten. Indem wir die Energie und Kraft des Sonnenlichts steuerten, passierte etwas – eine Veränderung trat ein.

Das Bündeln Ihrer Aufmerksamkeit funktioniert auf dieselbe Weise. Wenn Sie wollen, dass etwas passiert, konzentrieren Sie sich darauf. Genau wie das Sonnenlicht das Blatt anzündet, können Sie ein Feuer der Veränderung in Ihrem Leben entfachen.

Geben Sie sich die Chance, in dem Spiel zu gewinnen, dessen Regeln Sie selbst bestimmen. Wenn Sie sich auf eine Rolle konzentrieren, steigern Sie Ihr Durchhaltevermögen und Ihre Entschlossenheit enorm – und Ihr wahres Selbst trägt den Sieg davon.

Wenn Sie Ihren Lebensüberblick ansehen, fragen Sie sich vielleicht: «Kann ich mich nicht auf mehr als eine Rolle konzentrieren?» Wenn Ihr Schaubild so ähnlich aussieht wie meines, könnte man meinen, dass man sich auf zwei oder mehr Rollen ausrichten muss, um einigermaßen wieder ins Gleichgewicht zu kommen. Trotzdem wählte ich Jinnys Coach als meine wichtigste Rolle, mit dem Schwergewicht auf meiner Gesundheit. Wenn ich mich besser fühle, hat das schließlich positive Auswirkungen auf meine Leistung in allen Rollen. Ich war der Ansicht, dass die Konzentration auf diese eine Rolle mir helfen würde, die neue Rolle der Schriftstellerin mit einer gewissen Aussicht auf Erfolg zu meinen Zielen hinzuzufügen. Beachten Sie, dass ich nicht die Rolle der Schriftstellerin als meine wichtigste Rolle wählte, obwohl ich hier den niedrigsten Punktwert erreichte. Überlegen Sie gut und entscheiden Sie sich dann für die Rolle, mit der Sie für sich am meisten erreichen.

Die Aufmerksamkeit zu teilen ist ein Widerspruch in sich, denn dann gibt es keine Konzentration mehr, und das Ergebnis ist nicht das gleiche. Eine Frau, die unseren Workshop besuchte, hatte Schwierigkeiten, ihren Schwerpunkt zu bestimmen: «Wie kann ich mich zwischen meiner Rolle als Mutter und meiner Rolle als Ladenbesitzerin entscheiden? Ich will beides nicht aufgeben und brauche in beiden Rollen einen Durchbruch. Es wäre unverantwortlich, mich für eine von beiden zu entscheiden.» Am Ende fand sie heraus, dass sie doch eine davon wählen musste, denn sonst litten beide. Ihr wurde klar, dass sie ohne schlechtes Gewissen und ohne Verwirrung die Rolle aussuchen konnte, die für sie zu diesem

Zeitpunkt ihres Lebens die richtige war, und das Ergebnis wirkte sich auf alle ihre Rollen aus.

Wenn Sie den Wunsch verspüren, sich auf zwei Rollen zu konzentrieren, sollten Sie Ihr inneres Flehen ignorieren. Vielleicht haben Sie das Gefühl, dass Sie jetzt, wo Sie beschlossen haben, Ihr Leben in die Hand zu nehmen, besonders unnachgiebig mit sich sein sollten. Aber wenn Sie zu viel auf einmal wollen, wird es schwierig und womöglich bringen Sie sich so dazu, ganz aufzugeben.

Wie soll ich wählen?

Um Ihnen bei der Wahl Ihres Schwerpunkts zu helfen, stellen Sie sich folgende Fragen:

- Wenn ich ein Problem ein für alle Mal aus der Welt schaffen könnte, welches müsste das sein?
- In welcher Rolle wünsche ich mir einen Durchbruch?
- Wenn ich am Jahresende einen dicken Scheck neben eine meiner Rollen legen könnte, weil ich das Gefühl habe, sie optimal gemeistert zu haben, welche wäre das?
- Was hindert mich im Moment am meisten am Erfolg und am Glücklichsein?
- Welcher Aspekt meines Lebens raubt mir am meisten Energie und Elan, etwas auf die Beine zu stellen?

Wenn Sie darüber nachdenken, gibt es tatsächlich oft einen Aspekt, der für Sie die größte Barriere bildet. Steigern Sie Ihre Aufmerksamkeit für die stärkste Fessel, die Sie in Ihrer Bewegung einschränkt, die Last, die Sie so niederdrückt, dass Sie unfähig sind, sich selbst zu verwirklichen.

Als ich bei meinem Lebensüberblick über diese Fragen nachdachte, war es für mich nahe liegend, meine Rolle als Jinnys Coach unter besonderem Augenmerk auf meine Gesundheit zu wählen. Ich stellte mir vor, wie ich ohne Schmerzen und Erschöpfung mein arbeitsreiches Leben bewältigte – ich bewegte mich leichtfüßig und äußerst energisch – und schon war mir klar, welche Rolle sich für mich sowohl hinsichtlich Zeit als auch Energie am meisten auszahlen würde.

Vielleicht finden Sie Ihre Rolle wie ich eher dadurch, dass Sie über Ihre verschiedenen Lebensbereiche nachdenken – also beispielsweise über Dinge wie Geld, Karriere, Kinder, Gesundheit, langfristige Zukunftsplanung, Liebesleid oder soziales Engagement. Und stellen Sie sich wieder die Frage: «Wo wünsche ich mir einen Durchbruch?»

Packen Sie es an

Wenn Sie Ihre Aufmerksamkeit auf einen Bereich Ihres Lebens oder eine bestimmte Herausforderung im nächsten Jahr richten, welche Rolle würde Ihnen dann die Kraft geben, Ihr Ziel zu erreichen? Wählen Sie eine Rolle aus – diejenige, die Sie zu den gewünschten Ergebnissen führt.

Außer dass ich mich besser um meine Gesundheit kümmere, habe ich auch meine allgemeine Leistung als mein eigener Coach deutlich verbessert. Ich höre mehr auf meine innere Stimme und gewöhne es mir ab, mich selbst ganz an den Schluss meiner Erledigungsliste zu setzen. Die Aufmerksamkeit für eine bestimmte Rolle erinnert Sie immer wieder daran, sich in Ihrer Rolle und Ihren Wertvorstellungen zu zentrieren,während Sie auf Ihre Ziele zusteuern.

Sobald Sie Ihren Schwerpunkt gefunden haben, schreiben Sie ihn auf. Dann nehmen Sie sich ein bisschen Zeit und visualisieren Sie den Erfolg, den Sie in dieser Rolle anstreben. Welche spezifischen und messbaren Veränderungen wollen Sie sehen? Welche nicht sichtbaren Erfahrungen und Gefühle wünschen Sie sich als Ergebnis, wenn Sie diese Veränderungen erreichen?

Malen Sie sich eine Szene aus. Was würde sich ändern? Was würde besser werden? Was würde ein breites Lächeln auf Ihr Gesicht zaubern? Überlegen Sie, was andere Leute bemerken und sagen sollen. Erwägen Sie die Vorteile, die Sie als Ergebnis Ihrer Meisterschaft in dieser Rolle erleben möchten. Lassen Sie ein klares mentales Bild von dem entstehen, was Sie sich wünschen.

Ehe Sie weitermachen, sprechen Sie Ihre Wünsche für sich aus – gehen Sie das Wagnis ein! Aber hüten Sie sich vor Ihren einschränkenden Denkmustern. Wenn sie Ihren Blick vernebeln, rufen Sie sich Ihr neues Weltbild ins Gedächtnis. Schreiben Sie es auf ein Stück Papier und vermerken Sie darunter Ihre wichtigste Rolle. Beobachten Sie sich selbst, wie effektiv Sie mit Hilfe Ihres neuen Denkmusters in der gewählten Rolle werden – ein wahrer Quantensprung!

Denken Sie daran: Worauf Sie sich konzentrieren,
das bekommen Sie auch – wenn Sie Ihre Aufmerksamkeit
einer bestimmten Rolle zuwenden, erhalten Sie
die gewünschten Ergebnisse.

Konzentration zahlt sich aus

Nun haben Sie sich in Ihrem Garten einen bestimmten Bereich ausgesucht, der dieses Jahr besondere Zuwendung bekommen soll. Das hat zur Folge, dass Ihr ganzer Garten glücklicher und gesünder werden wird. Sich auf einen Bereich zu konzentrieren kann den Standard des Ganzen anheben.

Einer meiner ersten Klienten hatte gerade sein eigenes Unternehmen gegründet und saß zum ersten Mal in seiner Karriere selbst am Steuer. Die Investoren setzten ihn heftig unter Druck, große Aufträge zu ergattern, um eine starke Basis für sein Geschäft aufzubauen. Aber er hatte in seinem ganzen Leben noch nie etwas verkauft, und in dieser Anfangsphase konnte er sich keinen ausgebildeten Verkaufsleiter leisten. Also galt seine Aufmerksamkeit in diesem Jahr seiner Rolle als Verkäufer – was er aus tiefstem Herzen hasste! Später erzählte er gern, wie er sich zwang, zum Telefon zu greifen und pro Tag fünfzehn Kontakte zu knüpfen. Jedes Mal musste er seine Hand gewaltsam zum Hörer schubsen; er hatte sich noch nie so unbehaglich gefühlt. Aber er tat es, und letztendlich zahlte sich die Konzentration auf diese Rolle aus. Am Ende des Jahres hatte er eine Reihe wichtiger Aufträge erhalten und seine Umsätze hatten sich verzehnfacht.

Ein anderer Klient, ein älterer Mann, konzentrierte sich ebenfalls auf seine Rolle als Verkäufer, weil er seinen Traum verwirklichen und einer der besten zwanzig Vertreter einer großen Versicherungsgesellschaft werden wollte. Jedes Jahr strengte er sich an, schaffte es aber nie bis an die Spitze. Nun begann er mit einem neuen Denkmuster und stellte sich vor, wie sein Name auf der Liste unaufhaltsam nach oben stieg. Das Ergebnis war, dass er anfing, lauter kluge Entscheidungen zu treffen. Er erkannte, dass er durchaus wusste, was zu tun war. Er hatte es nur noch nie getan. Ein Erfolg kam zum anderen, und als am Jahresende die Leistung der einzelnen Angestellten verkündet wurde, stand sein Name dort, wo er ihn sich immer gewünscht hatte – auf der Liste der besten Verkäufer.

Ein weiterer Klient hatte sich eine weniger greifbare Rolle ausgesucht. Die Rolle war seine persönliche Entwicklung und das spezifische Ziel «Durchbrich die einschränkenden persönlichen Überzeugungen ein für alle Male!». Mit großer Entschlossenheit ging er ans Werk und schaffte es, sein altes lähmendes Denkmuster hinter sich zu lassen. Als Ergebnis seiner Beharrlichkeit hatte er es nicht mehr nötig, ständig etwas vor sich herzuschieben, und er übernahm eine leitende Stellung in seiner Firma, wobei er sich auf seine Stärken und Leistungen konzentrierte, statt sich wie bisher um die Meinung anderer Leute zu sorgen.

Denken Sie daran: Die Konzentration auf eine bestimmte Rolle wird sich auf verschiedene Lebensbereiche positiv auswirken.

FRAGE ACHT

Was sind meine Ziele für jede Rolle?

Nicht was der Mensch tut, erfreut ihn,
sondern was er sich vornimmt!
ROBERT BROWNING

Die Macht der Ziele

Menschen, die klare Ziele vor Augen haben, erreichen mehr im Leben. Ganz gleich, wie sie Erfolg definieren. Es ist eine Binsenweisheit, dass Menschen, die wissen, wohin sie gehen, eher dort ankommen. Wenn Sie Ihr Ziel nicht kennen, laufen Sie Gefahr, sich im Kreis zu drehen, ein Leben zu leben, in dem Sie zwar existieren, aber nicht wachsen und keine Fortschritte machen.

In meiner Erfahrung ist der Zielfaktor das wichtigste Kriterium für Erfolg und Erfüllung. Er ist weit wichtiger als die Bildung oder Intelligenz einer Person. Ein Ziel ist ein spezifisches und messbares Ergebnis, das Sie innerhalb eines bestimmten Zeitrahmens erreichen wollen. Es führt Sie in eine Richtung, zu einem Resultat – einem gewünschten Gehalt, einem Beruf, einer Beziehung –, zu etwas, was Sie in Ihrem Leben noch nicht bekommen oder erfahren haben.

Eine Studie mit Studenten der Wirtschaftswissenschaft zehn Jahre nach Abschluss veranschaulicht die Bedeutung von Zielen. Bei der Abschlussprüfung hatten dreiundachtzig Prozent kein Ziel vor

Augen, vierzehn Prozent gaben an, vage etwas im Kopf zu haben, konnten aber nichts Eindeutiges zu Papier bringen. Lediglich drei Prozent hatten klar artikulierte, schriftlich ausformulierte Ziele. Als man zehn Jahre später verglich, was die einzelnen Personen erreicht hatten, verdienten diejenigen mit unklaren Zielen dreimal so viel wie die ohne Ziel, aber die drei Prozent mit schriftlich formulierten Zielen verdienten zehnmal so viel wie die Ziellosen.

Ziele allein reichen natürlich nicht aus. Ziele zu setzen und zu erreichen kann eine bestimmte Art von Erfolg hervorbringen, beispielsweise Geld oder eine Beförderung, aber das bringt noch lange kein allgemeines Gefühl der Erfüllung. Erinnern Sie sich an die gefallenen Götter der achtziger Jahre? Wie viele Leute wünschen sich auf dem Totenbett, sie hätten mehr Zeit im Büro verbracht?

Menschen, deren Ziele sich mit ihren Wertvorstellungen im Einklang befinden, führen ein zufriedeneres und erfüllteres Leben. Wenn Sie ein Ziel erreicht haben, das von Ihren Werten motiviert wurde, von dem, was Sie glauben und was für Sie wirklich wichtig ist, fühlen Sie sich lebendig und sind glücklich.

Von den eigenen Wertvorstellungen motivierte Ziele führen zu einem Verhalten und zu Leistungen, die ausdrücken, wer wir sind. Dies wiederum führt zu dem persönlichen Erfolg und der Zufriedenheit, nach denen wir uns sehnen. Je öfter wir diesen Zyklus wiederholen, desto mehr verstärkt er unsere Werte und unser Engagement dafür, so zu leben, dass ein eigendynamischer und sich selbst bestätigender Zyklus entsteht.

In einem Rahmen wertebestimmter Ziele zu leben, formt eine positive Lebenseinstellung. Sie konzentrieren sich mehr auf das, was Ihnen wirklich wichtig ist, und weniger auf das, was Sie nicht wollen. Dadurch entstehen eine spezifische Richtung und ein klares Denkmuster in Ihrem Leben. Sie können vom Klagen zum Han-

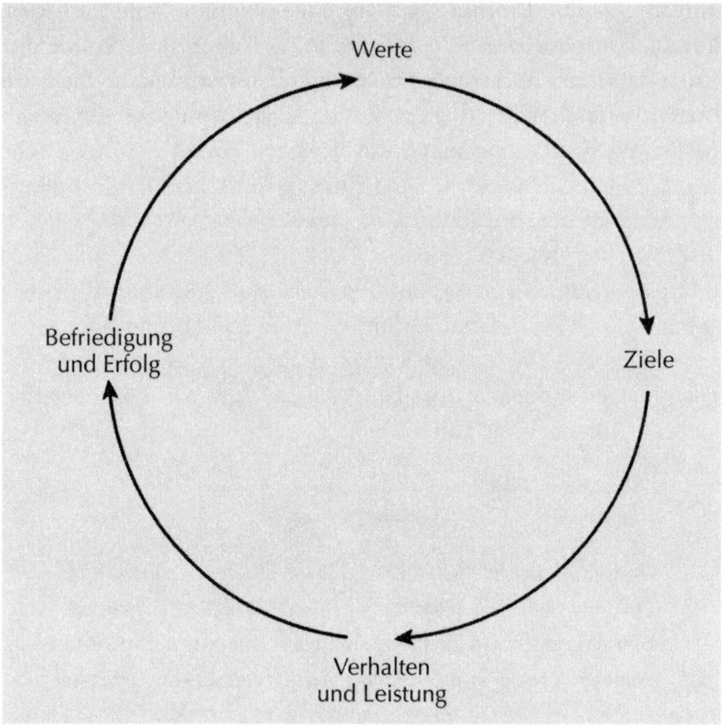

deln übergehen, neue Kraft schöpfen und sich Ihren Träumen nähern. Eine Veränderung findet statt und Sie fühlen sich deutlich besser. Ich beobachte oft, wie einem Klienten plötzlich ein Licht aufgeht, wenn ich ihm sage: «Dem, was Sie da sagen, kann ich gut entnehmen, was Sie *nicht* wollen. Können Sie mir denn jetzt auch erklären, was Sie *wollen*?»

Wenn Sie sich Ziele setzen und diese zu Papier bringen, haben Sie Ihre Bereitschaft ausgedrückt, in Echtheit zu leben – das zu tun, was Sie tun müssen, um sich selbst und Ihren Wertvorstellungen treu zu bleiben. Ziele fordern Ihr Talent heraus und zwingen Sie, nicht nur das Ziel zu erreichen, sondern auch mehr von Ihrem Potenzial zu entdecken und einzusetzen.

Wenn Sie am Start das Ziel anvisieren, zieht es Sie an, sowohl mit Taten als auch mit Ihrer Einstellung. Ihre Talente, Ihre Intelligenz und Ihre Aufmerksamkeit sind auf ein bestimmtes Ziel gerichtet, und die Bündelung Ihrer Energien bringt Ergebnisse, die Sie mit einem konfusen Ansatz nie erreicht hätten. Sie wissen, ob Sie nach Boston, Boulder oder Bologna gehen, und Sie sind bereits unterwegs dorthin.

Ziele bringen Sie dazu, verantwortlich und aktiv zu leben. Je konkreter und messbarer Ihre Ziele sind, desto mehr sind Sie bereit, die Verantwortung dafür zu übernehmen, dass sie Wirklichkeit werden.

Konkrete Ziele

Wenn Sie, statt zu jammern und sich zu sehnen, damit anfangen, sich starke, wertmotivierte Ziele zu setzen, machen Sie einen wichtigen Schritt in Richtung eines positiven und produktiven Lebens. Negative Emotionen wie Frustration, Angst, Anspannung, Stress, Wut und Depression plagen oft Menschen, die kein Ziel oder keine Hoffnung haben. Wenn wir uns Ziele setzen, verabschieden wir uns von unrealistischen Wunschträumen, vom mehr oder weniger blinden Glück, und wenden uns den Ergebissen und Beziehungen zu, die wir suchen. Ein Leben nach dem Motto «Warten wir's ab, sehen wir mal, was passiert» ist eine Verschwendung Ihres Potenzials und Ihrer Kraft.

Konkrete Ziele sind so formuliert, dass Sie ein klares und präzises Bild im Kopf haben von dem, was Sie erreichen wollen. Wenn Sie lesen, was Sie geschrieben haben, wissen Sie genau, was Sie wollen. Je spezifischer das Ziel, desto rascher sehen Sie, was zu tun ist, und Sie können die notwendigen Maßnahmen ergreifen.

Unspezifisches Ziel:	Mehr Zeit mit den Kindern verbringen.
Spezifisches Ziel:	Meinen Kindern mindestens eine halbe Stunde pro Woche vorlesen.

Unspezifisches Ziel:	Meine Arbeitsleistung verbessern.
Spezifisches Ziel:	Genau herausfinden, was ich tun muss, um eine Beförderung und eine fünfprozentige Lohnerhöhung zu bekommen, und entsprechend aktiv zu werden.

Unspezifisches Ziel:	Meinen Stresspegel reduzieren und mehr Ruhe finden.
Spezifisches Ziel:	Jeden Morgen mindestens fünfzehn Minuten lang meditieren.

Konkrete Ziele müssen immer auch messbar sein. Wie viel? Wie groß? Wie oft? Sie quantifizieren das Ziel, damit am Ende des Jahres kein Zweifel besteht, ob Sie das Spiel gewonnen oder verloren haben oder wie nahe Sie an das Resultat herangekommen sind. Wenn Sie eine Lohnerhöhung wollen, wie viel soll es sein? Viele reiche Menschen arbeiten als fünfzigjährige Millionäre immer noch so hart wie als fünfundzwanzigjährige Aufsteiger, und zahlen dafür einen hohen Preis. Sie haben nie innegehalten, um die Früchte ihrer Leistungen zu ernten. Sie wissen nicht, wie man sich zurücklehnt, weil sie unsicher sind, ob sie ihr Ziel tatsächlich erreicht haben. Sie haben sich nie der Frage gestellt: «Wie viel ist genug?»

Konkrete Ziele brauchen immer einen Zeitrahmen. Da Sie sich Ziele für das nächste Jahr Ihres Lebens setzen, existiert Ihr Engagement bereits in einem festgesetzten Zeitbereich. Die verfügbare Zeit einzugrenzen, sorgt für einen klaren Fokus. Ziele ohne Deadline sind so sinnlos wie ein Fußballspiel ohne Schlusspfiff.

Doch wenn Sie sich Ihre Jahresziele gestellt haben, haben Sie vielleicht Lust, für unterwegs Meilensteine einzuplanen, zum Beispiel:

Jahresziel:	Viermal pro Woche Aerobic machen und fünfzehn Pfund abnehmen.
Meilenstein nach drei Monaten:	Dreimal pro Woche joggen und vier Pfund abnehmen.
Jahresziel:	Mein erstes Buch schreiben und einen Agenten und einen Verlag finden.
Meilenstein nach drei Monaten:	Kapitelentwurf verfassen und drei mögliche Agenten kontaktieren.

Die Verpflichtung gegenüber einem festen Termin gibt Ihnen Schwung und Sicherheit. Sie sind unterwegs, und schon allein das ist ein wundervolles Mittel gegen Trödelei. Und je früher Sie sich aufmachen, desto mehr Zeit haben Sie, um Ihr Ziel zu erreichen.

Konkrete Ziele enthalten prägnante, aktive Verben, die sozusagen die Startlinie markieren. Das Ziel selbst wird in einem einfachen und vollständigen Satz ausgedrückt, der ganz klar aussagt, was Sie wollen. Verben klären, was getan werden muss, und regen dazu an, aktiv zu werden. Beispielsweise:

- geben
- verdienen
- beitragen
- ausüben
- schreiben
- Zeit verbringen
- vervollständigen
- planen
- investieren
- lernen
- sicherstellen
- fertig werden

Wenn Sie Ihre Ziele mit solchen aktiven Verben formulieren, gibt das Ihrem Vorhaben eine bestimmte Richtung und bringt vom ersten Moment an Schwung in das Unternehmen.

Lernen Sie unterscheiden zwischen ergebnisorientierten und

prozessorientierten Zielen – zur Veranschaulichung folgende Beispiele:

Ergebnisorientiertes Ziel:	Verkaufsziel von 250 000 Mark erreichen.
Prozessorientiertes Ziel:	Pro Woche zwanzig neue Verkaufskontakte knüpfen.
Ergebnisorientiertes Ziel:	Zehn Kilo abnehmen.
Prozessorientiertes Ziel:	Am Tag 1200 Kalorien und grundsätzlich weniger Fettkalorien essen.
Ergebnisorientiertes Ziel:	Kommunikation und Beziehung mit meinen Kindern verbessern.
Prozessorientiertes Ziel:	Einen Tag pro Woche mit meinen Kindern verbringen.

Nehmen Sie sich die Zeit, darüber nachzudenken, welche Art Ziel eher dafür sorgt, dass Sie das gewünschte Ergebnis erreichen. Prozessorientierte Ziele definieren das, was wir tun müssen, um ein Ergebnis zu erreichen. Da es darum geht, das Leben auf dem Weg zu unseren Zielen angenehmer zu machen, stellen prozessorientierte Ziele eine gute Motivation dar, sich unterwegs gelegentlich zu belohnen. Vergessen Sie nicht, Ihre Leistungen zu feiern und sich jedes Mal zu gratulieren, wenn Sie ein prozessorientiertes Teilziel erreicht haben.

Es gibt jedoch Ziele, die ergebnisorientiert formuliert werden müssen. Oft muss man seinen ganzen Mut zusammennehmen, um sich ein solches Ziel zu setzen, vor allem im beruflichen, finanziellen und wohltätigen Bereich. Wenn Sie aber lernen, solche Verpflichtungen einzugehen, können Sie auch größere Herausforderungen annehmen und bewältigen. Manchmal findet man größere Kapazitäten und Potenziale, wenn man seine Ziele etwas höher steckt.

Zusammenfassung der Richtlinien für konkrete Ziele

So sollen Ziele sein:

- spezifisch
- messbar
- einen Zeitraum betreffend
- ein aktives Verb enthaltend
- angemessen – entweder ergebnis- oder prozessorientiert

Konkrete Ziele sind einfache, klare Anweisungen für Sie und Ihr Bewusstsein. Sie wissen jetzt, wo Ihr Ziel liegt und haben eine gute Chance, ins Schwarze zu treffen.

Ziele setzen

Nun ist es Zeit, mit dem Aufschreiben Ihrer Ziele für Ihr nächstes Jahr zu beginnen.

Das Umschwenken auf Lebensinhalt II fängt damit an, dass Sie sich Ziele setzen, die sich an Ihren persönlichen Wertvorstellungen orientieren. Schon dieser Schritt bringt Sie einem Leben in Echtheit und Zufriedenheit näher. Solche Ziele sprechen Ihre grundlegenden Wünsche und Bedürfnisse an, führen aber auch – und das ist noch wichtiger – zu einem Leben, in dem Sie sich selbst treu sind und sich deshalb erfüllt und glücklich fühlen.

Wenn Sie Ihre Lebensziele definiert und eine persönliche Vision gefunden haben, werden einige Ihrer Jahresziele selbstverständlich als Schritt auf dem Weg zu längerfristigen Plänen. Setzen Sie Ihre Ziele so oft wie möglich in den größeren Kontext Ihrer Lebensträume.

Seit Jahren arbeiten Tim und ich an einem Plan für unser bestes

Jahrzehnt, der darauf abzielt, dass wir uns ein Jahr frei nehmen und uns vergnügen können. Dieses Vorhaben hat vielen kurzfristigeren Zielen einen Sinn gegeben und es uns leichter gemacht, Entscheidungen zu treffen, die uns diesem Ziel näher bringen. Als wir den Plan zum ersten Mal aufstellten, änderten wir unsere Gewohnheiten beim Geldausgeben. Wir sparten bei Restaurantbesuchen, beim Urlaub und bei neuen Kleidern und wir erhöhten unsere Hypothekenzahlungen. Jedes Jahr setzten wir uns Ziele zum Sparen, reduzierten die Hypothek und andere Schulden und eigneten uns mehr Wissen an über die Gegenden, die wir besuchen wollen und die Abenteuer, die wir in unserem freien Jahr zu erleben hoffen.

Ziele setzen im Kontext eines Lebensplans

Entwickeln Sie bei der Formulierung Ihrer langfristigen Pläne auch absehbare, erreichbare Ziele. Vielleicht regt Sie diese Übung dazu an, das Konzept dieses Buches für Ihre Lebensplanung zu nutzen.

Wenn Sie beginnen, Ihre Ziele zu setzen, vergewissern Sie sich, dass Sie genau durchdacht haben, welche Lebensbereiche mit welchen Rollen verbunden sind. Beispielsweise beinhaltet die Rolle des persönlichen Coachs meist Bereiche wie Gesundheit, Fitness, Weiterbildung, Hobbys, Entspannung und Freizeit. Denken Sie bei jeder Rolle an verwandte Bereiche und Aspekte.

Die Ziele des Mannes, die hier beispielhaft aufgelistet werden, umfassen seine Kinder, ihr Schulgeld und Geschenke als Bereich, die zu seiner Rolle als Vater gehören. Beachten Sie, wie er die unterschiedlichen Aspekte durchdacht hat und wie ihm das bei der Konkretisierung seiner Ziele in dieser Rolle geholfen hat.

Rolle: Vater

Dazugehörende Bereiche:

Joe	Julia	Geschenke
Mark		Schulgeld

ZIELE:

- Einmal im Monat mit jedem Kind ein besonderes Wochenende planen.
- Dafür sorgen, dass Julia Mathe versteht.
- Anfang Dezember für jeden ein besonderes Geschenk aussuchen.
- Mehr Lob und Anerkennung zum Ausdruck bringen, statt zu tadeln.

Beginnen Sie, indem Sie eine Ihrer Rollen auswählen und alle damit verwandten Bereiche Ihres Lebens aufschreiben. Dann notieren Sie sich die Ziele, die Sie sich fürs nächste Jahr setzen, nach den obigen Richtlinien. Folgen Sie Ihrer Intuition und hören Sie auf Ihre innere Stimme. Den meisten Leuten fällt es nicht sonderlich schwer, sich darauf zu konzentrieren, ihrem nächsten Jahr eine konkrete Form zu geben.

Rolle: ______________________________

Dazugehörende Bereiche:

______________ ______________ ______________

______________ ______________ ______________

ZIELE:

____

____

____

____

____

____

Die meisten reiben sich an diesem Punkt innerlich die Hände. Sie haben sich nun durch die ersten sieben Punkte des Programms gearbeitet, Ihre Gedanken geklärt und Raum für sich geschaffen. Nun zeigt sich Ihr natürlicher Tatendrang, und es ist Zeit, in dem fruchtbaren Boden Ihres Gartens etwas anzupflanzen.

Denken Sie daran, auch für Ihren Schwerpunkt ein konkretes Ziel zu setzen. In Teil drei finden Sie noch mehr Formulare, um für jede Ihrer Rollen bestimmte Ziele aufschreiben zu können.

Ein letzter prüfender Blick

Ehe Sie Ihre Ziele für die nächsten zwölf Monate vervollständigen, sollten Sie noch einen letzten Durchgang machen, um sicherzustellen, dass Sie Ihre Ziele verwirklichen können. Diese Überlegungen sollen dafür sorgen, dass Sie sich jedem Ihrer Ziele zutiefst verpflichtet fühlen und dass jedes Ziel vernünftige Erfolgsaussichten hat.

Gehen Sie die Liste mit Ihren Zielen noch einmal durch und stellen Sie sich Fragen wie:

- Werde ich das wirklich durchsetzen?
- Hoffe ich insgeheim, dass dieses Ziel einfach dadurch erreicht wird, dass ich es auf die Liste gesetzt habe?
- Werde ich das tatsächlich tun?
- Ist dieses Ziel konkret und messbar?
- Ist das ein ergebnis- oder prozessorientiertes Ziel?
- Habe ich mich richtig entschieden?

Vergewissern Sie sich,

- dass Ihre Ziele Ihren Wertvorstellungen entsprechen,
- dass es keine «Sollte»-Ziele sind,
- dass Sie diese Ziele so sehr wollen, dass Sie bereit sind, alles dafür zu tun, dass sie umgesetzt werden,
- dass Sie für diese Ziele Verantwortung übernehmen wollen.

Welche Wertvorstellung gehört zu welchem Ziel?

Sorgen Sie vor allem dafür, dass Ihre Ziele Ihren Wertvorstellungen entsprechen. Legen Sie die Liste mit Ihren persönlichen Wertvorstellungen neben sich, wenn Sie Ihre Ziele noch einmal durchlesen. Achten Sie auf Ziele, die Sie womöglich von Ihren Werten weglocken.

Beispielsweise könnte das Ziel, mehr Geld zu verdienen, Sie dazu verleiten, dass Sie ständig Überstunden machen und das Ziel, mehr Zeit mit Ihrer Familie zu verbringen, in Gefahr zu bringen. Ist es wirklich notwendig, länger zu arbeiten, um mehr zu verdienen? Hüten Sie sich vor Zielen, bei denen das Endergebnis die Mittel nicht rechtfertigt.

Vergessen Sie nicht, dass Ziele, die nicht auf einer Linie mit Ihren Wertvorstellungen liegen, einen hohen Preis haben. Können Sie es sich leisten, auch nur ein Jahr lang Energie und Intelligenz zu verschwenden, um ein Ziel anzustreben, das Ihren persönlichen Werten nicht entspricht? Wenn Sie Zweifel haben, jagen Sie mit diesem Ziel vielleicht danach, sich selbst zu bestätigen. Falls ja, werfen Sie das Ziel lieber raus!

Vermeiden Sie «Sollte»-Ziele

Gibt es unter Ihren Zielen welche, bei denen Sie das Gefühl haben, das sollten Sie erreichen, obwohl Sie es gar nicht wirklich wollen? Fragen Sie sich zuerst einmal, ob Ihr Ziel mit Ihren Prinzipien vereinbar ist. Falls ja und falls Sie etwas darin sehen, das Sie wirklich gerne verwirklichen würden, verlagern Sie Ihre Einstellung zu diesem Ziel von einem «sollte» zu einem «möchte» oder «will». Falls das nicht klappt, streichen Sie das Ziel von Ihrer Liste. Lassen Sie es los. Oft schleppen wir ein Ziel schon jahrelang mit uns herum und haben uns nur nie die Zeit genommen, innezuhalten und uns zu fragen, ob wir es wirklich wollen. Als Kind haben Sie sich vielleicht ein schickes Fahrrad gewünscht, aber nie bekommen. Jetzt sind Sie erwachsen, und es ist Zeit, sich von den «Fahrrädern» zu verabschieden.

Haben Sie zum Beispiel ein Idealgewicht oder eine Kleidergröße, von denen Sie träumen, die Sie aber nicht mehr haben, seit Sie siebzehn waren? Vergessen Sie es! Sorgen Sie für ein gesundes Gewicht und eine entsprechende Größe und lassen Sie die unmögliche Fantasie einfach los. Was sind die «Fahrräder» in Ihrem Leben? Machen Sie mal Pause und streichen Sie solche Themen von Ihrer Liste.

Werden Sie sich Ihrer wirklichen Bedürfnisse bewusst

Die Frage, ob ich etwas wirklich tun wollte, war für mich sehr verwirrend, bis ich irgendwann anfing, zwischen kleinen und großen Wünschen zu unterscheiden.

Kleine Wünsche sind eigentlich Dinge, die man nicht will. Mein faules Selbst will morgens viel lieber im Bett bleiben als aus den Federn springen. Das angenehme Leben. Es ist leicht, solchen Wünschen zu folgen – natürlich möchten wir lieber fernsehen als Briefe schreiben oder Rechnungen bezahlen, lieber ein halbes Stündchen länger schlafen, als in die Kälte hinauszugehen, um uns sportlich zu betätigen.

Endlose Trödelei, Enttäuschung und mangelnder Selbstrespekt sind Produkte der kleinen Wünsche.

Aber diese Kleinigkeiten sind nicht das, was wir wirklich wollen. Große Bedürfnisse zeichnen sich durch ihre Verbundenheit mit unseren Wertvorstellungen aus, und sie stärken unser Engagement für unsere Kenntnisse und Gaben. Ziele in dieser Kategorie sind die notwendige Disziplin allemal wert. Ohne diese Art Ziele würden wir selten wachsen oder den Beitrag leisten, den wir gerne leisten möchten.

Die großen Wünsche besitzen mehr Echtheit als die kleinen und gestalten eine Umgebung, in der Sie sich selbst zum Ausdruck bringen können.

Verantwortung

Sie müssen bereit sein, alles in Ihrer Macht Stehende zu tun, um ein Ziel zu erreichen. Bei jedem Ziel müssen Sie dazu motiviert sein, Ihr Bestes zu geben. Sonst können Sie es lieber gleich streichen. Um Ziele zu erreichen, müssen Sie Ihr Augenmerk das ganze Jahr über darauf halten. Wahrscheinlich gibt es eine Menge Ziele auf Ihrer Liste – schmeißen Sie diejenigen raus, für die Sie sowieso keine Verantwortung übernehmen werden.

FRAGE NEUN

Was sind meine zehn wichtigsten Ziele für das nächste Jahr?

Die Menschen geben stets den Umständen, in denen sie leben, die Schuld. Aber die Leute, die es auf dieser Welt zu etwas bringen, sind diejenigen, die sich entweder die gewünschten Umstände aussuchen oder sie gegebenenfalls selbst verändern.
GEORGE BERNARD SHAW

Warum soll ich mich auf zehn Ziele beschränken?

Als wir anfingen, uns Ziele fürs nächste Jahr zu setzen, hatten Tim und ich über hundert Pläne auf einem Stapel Karteikarten notiert. Für jede Rolle hatten wir eine Karte und auf allen Karten standen mehrere Ziele. Für einige Rollen hatten wir sogar mehrere Karten zusammengeheftet. Wir schafften es nicht, uns einzuschränken, indem wir die Ziele auswählten, die für uns am wichtigsten waren. Jedes Ziel hatte das gleiche Gewicht, bekam die gleiche Aufmerksamkeit, das gleiche Augenmerk. Aber es waren einfach zu viele.

Obwohl wir unsere Sache ganz gut machten – einfach deshalb, weil wir uns die Zeit genommen hatten, unsere Rollen zu definieren und für jede Rolle Ziele zu setzen – raubten wir uns das Vergnügen, ein Spiel zu erschaffen, das wir gewinnen konnten. Das minderte unsere Effektivität, und im Lauf des Jahres wurde unsere

Aufmerksamkeit allzu leicht von unseren Vorsätzen abgelenkt. Schon am Anfang gab ich viele Ziele auf, weil ich einfach nicht genug Zeit für sie hatte. Ich hatte mir etwas Unmögliches vorgenommen, hatte aber trotzdem ein schlechtes Gewissen, weil ich meinen Vorsätzen nicht gerecht wurde.

Zwar ist damit nicht gemeint, dass Sie nun alle außer zehn Zielen eliminieren müssen, aber ich empfehle Ihnen dringend, die zehn wichtigsten Ziele zu bestimmen und sich auf diese zu konzentrieren. Selbstverständlich können Sie auch an den übrigen arbeiten. Aber wenn Sie die zehn Ziele aussuchen, die Ihnen am wichtigsten sind, können Sie Ihre Kraft wie einen Laserstrahl bündeln und die Energie und Aufmerksamkeit steigern, die Sie jedem einzelnen Ziel zukommen lassen. Eine Liste Ihrer zehn wichtigsten Ziele fürs nächste Jahr liefert Ihnen eine Landkarte, nach der Sie Ihre Reise planen können. Sie werden es leichter haben, die Unterstützung und die Mittel zu finden, die Sie brauchen, um in die gewünschte Richtung vorwärts zu kommen.

Wenn ich mir meine Liste mit den zehn Hauptzielen durchsehe und weiß, dass ich mit den ausgewählten Zielen zufrieden bin, habe ich ein starkes Gefühl von «Das kann ich!». Ich kann es kaum abwarten, endlich anzufangen, ich glaube an mich und meine Fähigkeit, den Plan durchzuziehen und zu verwirklichen.

Die Auswahl von zehn wichtigsten Zielen sorgt für ein Gleichgewicht und für eine Konzentration Ihrer Energien auf eine bestimmte Richtung.

Wie treffe ich die Wahl?

Beginnen Sie damit, dass Sie sich nochmals Ihre Antworten auf die ersten sieben Fragen durchlesen. Erinnern Sie sich an das, was Sie über sich und das, was Ihnen wichtig ist, erfahren haben. Denken Sie an die Lektionen, die Sie gelernt und an die Richtlinien, die Sie für Ihr nächstes Jahr aufgestellt haben. Rufen Sie sich Ihr neues Paradigma und Ihre persönlichen Wertvorstellungen ins Gedächtnis.

Um den Auswahlprozess einzuleiten, blättern Sie zurück zu Ihrem Lebensüberblick-Diagramm und den Überlegungen bei der Wahl Ihrer wichtigsten Rolle. Was wird im nächsten Jahr für Sie die größten Veränderungen bewirken? Mit diesen Faktoren im Hinterkopf überlegen Sie sich allmählich eine Rangfolge Ihrer Ziele und bestimmen Sie diejenigen, die Ihnen am meisten bedeuten.

Welche Vision für das nächste Jahr hat sich in Ihrem Kopf geformt, während Sie das Programm bis hierher durchgearbeitet haben? Denken Sie daran, was Sie wirklich wollen, für sich und für die Menschen, die Ihnen am wichtigsten sind. Überlegen Sie, welche Vorteile sich ergeben werden, wenn Sie Ihre wichtigsten Ziele erreichen, sowohl für sich als auch für andere. Welche Ziele werden, wenn Sie verwirklicht sind, die größte Veränderung hervorrufen?

Wenn Sie sich diese vorbereitenden Gedanken gemacht haben, kehren Sie zur Liste der Ziele zurück, die Sie für jede Rolle aufgestellt haben. Markieren oder unterstreichen Sie zunächst diejenigen Ziele, die unbedingt auf der Liste der zehn wichtigsten erscheinen müssen – die eindeutigen Fälle. Dann zählen Sie zusammen, wie viele Sie jetzt haben, und wählen die restlichen aus oder streichen überzählige, bis Sie zehn Ziele zusammen haben.

Schreiben Sie Ihren ersten Entwurf auf, damit Sie ihn sich genau anschauen können. Malen Sie sich aus, wie Sie in einem Jahr diese Ziele erreicht haben. Wie fühlen Sie sich dann? Werden Sie begeistert sein von dem, was Sie erreicht haben? Motivieren die Ziele Sie weiterzumachen, bis Sie sie erreicht haben? Vergewissern Sie sich,

Meine zehn wichtigsten Ziele für das nächste Jahr

1. ______________________________
2. ______________________________
3. ______________________________
4. ______________________________
5. ______________________________
6. ______________________________
7. ______________________________
8. ______________________________
9. ______________________________
10. ______________________________

dass Sie wirklich hinter dem stehen, was Sie anstreben. Genügt Ihnen das, was Sie sich vorgenommen haben, zumindest für den Augenblick? Falls nicht, finden Sie heraus, was fehlt, und fügen Sie es hinzu.

Überlegen Sie als Nächstes, wie realistisch es ist, dass Sie diese zehn Ziele verwirklichen. Ist es zu schaffen? Sehen Sie sich die Liste nach Zielen durch, die sich widersprechen. Fragen Sie sich, ob es eine Möglichkeit gibt, sie unter einen Hut zu bekommen, ohne dass Sie Ihre Wertvorstellungen dafür opfern. Graben Sie alle nagenden Gedanken und Zweifel aus und nennen Sie sie beim Namen. Wie können Sie sie überwinden? Falls es keine Möglichkeit gibt, tauschen Sie das eine Ziel gegen ein anderes aus.

Kontrollieren Sie die Liste, um sicherzugehen, dass es für jede Rolle mindestens ein Ziel gibt, denn Ihr Jahresplan soll Sie ja zu einem ausgewogenen Lebensstil führen. Während Sie sich ausmalen, wie Sie durch das nächste Jahr Ihres Lebens spazieren, sorgen

Sie auch dafür, dass Sie mit dem Verhältnis von Arbeit und Vergnügen glücklich sind. Mindestens ein Ziel auf Ihrer Liste sollte ausschließlich auf Spaß und Vergnügen gerichtet sein – oder zumindest auf etwas, auf das Sie sich von Herzen freuen.

Überzeugen Sie sich schließlich noch, ob Ihre zehn Ziele tatsächlich das sind, was Sie im nächsten Jahr erreichen wollen. Wenn Sie diese Ziele erreichen, haben Sie dann wirklich ein erfolgreiches und erfülltes Jahr gehabt? Vergessen Sie nicht, dass alles, was es dieses Jahr nicht auf die Liste schafft, nächstes Jahr dort stehen kann.

Beginnen Sie mit der Planung Ihres besten Jahres

Wenn Sie sicher sind, dass Sie die richtigen zehn Ziele zusammenhaben, überlegen Sie, wie Sie das jeweilige Ziel formuliert haben. Ändern, korrigieren Sie, formulieren Sie es um, bis Sie voll und ganz zufrieden sind. Bleiben Sie dran, bis Sie glauben, dass jedes Ziel perfekt ausgedrückt ist und akkurat das Ergebnis beschreibt, das Sie erreichen wollen.

Schreiben Sie jedes Ziel auf ein eigenes Blatt Papier oder eine Karte und legen Sie alle vor sich hin. Betrachten Sie die Ziele als Saat, die Sie in den Boden Ihres Bewusstseins pflanzen. Sie sind ein wichtiger Bestandteil Ihres Jahresplans. Folgende Schritte sollen helfen, Ihre Ziele zu bestärken.

Der erste Schritt besteht darin, dass Sie sich ein Ziel nach dem anderen ansehen und sich dabei Ihr neues Denkmuster in Erinnerung rufen. Achten Sie darauf, wie jedes Ziel von Ihrer neuen Einstellung zu sich selbst bekräftigt wird.

Als zweiten Schritt setzen Sie Prioritäten in Ihrer Zielliste. Meine Lieblingsdefinition von Priorität ist: «Das, was mir bei einer bestimmten Investition von Zeit und Energie am meisten bringt.»

Welches Ziel bekommt den Spitzenplatz auf Ihrer Liste? Wenn Sie die obige Definition anwenden, welches ist dann Ihre erste Priorität für das nächste Jahr? Für die meisten ist es ein Ziel, das mit ihrer wichtigsten Rolle zusammenhängt. Welches Ziel es auch immer sein mag: Drehen Sie die Karte um und legen Sie sie zur Seite. Sie wissen jetzt, was an der Spitze Ihrer Liste steht.

Sehen Sie sich dann die restlichen neun Ziele an und fragen Sie sich erneut: «Welches von den übrigen Zielen bringt mir im Verhältnis zur investierten Zeit und Energie am meisten?» Lassen Sie sich bei der Wahl des Ziels, das auf Platz zwei stehen soll, von Ihrer Intuition leiten. Wenn Sie eine Wahl getroffen haben, drehen Sie es um und legen es auf Ihr erstes Ziel. Wiederholen Sie diesen Vorgang mit allen übrigen Zielen, bis Sie eine komplette Prioritätenliste zusammengestellt haben.

Als letzten Schritt fassen Sie diese vier wichtigen Teile Ihres Jahresplans auf einer Seite zusammen:

1. Richtlinien für das nächste Jahr (Frage drei)
2. Neues Denkmuster (Frage vier)
3. Wichtigste Rolle (Frage sieben)
4. Die wichtigsten zehn Ziele (Frage neun)

Dieses Blatt Papier mit Ihrem persönlichen Leitfaden soll etwas ganz Besonderes für Sie sein. Vielleicht wollen Sie es noch einmal sauber abtippen oder es in Schönschrift auf ein Stück hochwertiges Papier schreiben. Lassen Sie Ihrer Fantasie bei der Gestaltung freien Lauf – es ist ein wichtiges Dokument, das Sie durch die nächsten zwölf Monate begleiten soll.

Nun haben Sie also bereits eine kleine Zusammenfassung Ihrer Pläne für die nächsten zwölf Monate. Die ganze Arbeit, die Sie bis hierher geleistet haben, ist überaus wichtig: Sie haben Ihre Absichten klar dargestellt und wissen, was Sie wollen. Unterschätzen Sie nicht die Bedeutung des Nachdenkens und Sichklarwerdens, das Sie bei der Beantwortung der ersten neun Fragen geleistet haben.

Hier ist ein Beispiel eines persönlichen Jahresplans erstellt von einem Mann, den Sie natürlich nicht kennen. Achten Sie darauf, wie viel Sie über ihn und über das, was ihm wichtig ist, erfahren, wenn Sie sich seinen Plan ansehen.

Richtlinien

- Immer heiter sein.
- Das Wichtigste zuerst erledigen.
- Erkennen und sagen, was ich will.

Neues Denkmuster

Ich bin der Gestalter meines eigenen Schicksals.

Wichtigste Rolle

Unternehmensleiter

Die zehn wichtigsten Ziele

1. Jede Woche das Goldzeit-Management anwenden.
2. Täglich meditieren.
3. Unser Jahresprofitziel erreichen.
4. Einen vollständigen Plan für meinen Ruhestand erstellen.
5. Alles tun, was ich kann, um Sue in ihren Karriereplänen zu unterstützen.
6. Jeden Monat etwas Besonderes für die Kinder arrangieren.
7. Fünfmal pro Woche Sport treiben und fünfzehn Pfund abnehmen.
8. In meinem Haus ein großes Familientreffen organisieren.
9. Kontakt zu alten Freunden wieder aufnehmen.
10. Sicherstellen, dass alle Angestellten einmal pro Monat eine Coaching-Stunde bekommen.

Sehen Sie auf Ihren eigenen Plan und stellen Sie sich dabei vor, es wäre der Leitfaden eines anderen. Mir hilft dieser Perspektivenwechsel, um besser würdigen zu können, was ich geleistet und was ich mir vorgenommen habe.

Ihr persönlicher Jahresplan soll Sie durch das nächste Jahr führen. Er liefert das Fundament für das, was Sie denken und vorhaben, und gibt Ihnen den besten Rat, wie Sie sich verhalten sollen, um ihn zu verwirklichen.

Dieser Leitfaden bildet die Grundlage dafür, wie Sie sich organisieren, um Ihre Ziele zu erreichen. Mir hilft er immer, wenn im Lauf des Jahres Entscheidungen anstehen, und auch dabei, für mich selbst auf monatlicher oder wöchentlicher Basis ein guter Coach zu sein.

Lesen Sie sich alles noch einmal durch:

- Die klugen Ratschläge, die Sie sich mit Ihren Richtlinien geben.
- Das neue Denkmuster, das Sie stark macht und Ihre Wahrnehmung lenkt.
- Ihre wichtigste Rolle und den Durchbruch, den Sie darin anstreben.
- Ihre sorgfältig ausgearbeitete Liste mit den zehn Hauptzielen für das kommende Jahr.

Halten Sie einen Augenblick ein, um sich selbst und die Klarheit, Zielstrebigkeit und Geradlinigkeit zu würdigen, die Sie hier an den Tag gelegt haben. Jetzt haben Sie konkrete Ziele und einen Plan für das nächste Jahr formuliert. Und Sie sind sogar noch weitergegangen. Sie haben Ihre persönliche Umgebung untersucht und vorbereitet, so dass diese Ziele Wirklichkeit werden können. Sie haben die notwendigen Schritte getan, um sich die optimalen Bedingungen für ein Gelingen zu schaffen.

FRAGE ZEHN

Wie kann ich sicherstellen, dass ich meine zehn wichtigsten Ziele erreiche?

Das Problem in meinem und im Leben anderer Menschen
ist nicht, dass wir nicht wissen, was wir tun sollen,
sondern dass wir es nicht tun.
PETER DRUCKER

Sie wissen, was zu tun ist, packen Sie es an!

Das obige Zitat bringt eine große Herausforderung in unserem Leben auf den Punkt, nämlich unsere Vorhaben auch wirklich umzusetzen. Wenn ich mir die Zeit nehme, auf die großen und kleinen Fehler im letzten Jahr zurückzublicken, sehe ich für gewöhnlich genau, was ich hätte (anders) machen müssen, um ein besseres Ergebnis zu erzielen.

Die letzte Frage dieses Programms gibt Ihnen viele Tipps und Ideen, das zu verwirklichen, was Sie sich vorgenommen haben.

Ein simpler Trick, wie Sie Ihre zehn Ziele erreichen, liegt darin, dass Sie Ihren Leitfaden in Sichtweite behalten. Bestimmen Sie einen Ort, wo Sie ihn platzieren wollen, damit Sie ihn jeden Tag sehen. Vielleicht soll er über Ihrem Schreibtisch hängen oder in einem Schrank, den Sie oft benutzen, oder an einem zentralen Ort auf Ihrer Pinnwand. Sie müssen, entscheiden, inwieweit Sie Ihre Ziele anderen mitteilen wollen. Ganz gleich, wie Sie sich entscheiden, versuchen Sie eine Lösung zu finden, die sicherstellt, dass Sie Ihre Ziele jeden Tag sehen.

Wieder einmal ist Bewusstheit das A und O. Jeden Tag Ihre Ziele zu lesen – und sei es auch nur zehn Sekunden, ist der beste Rat, den ich Ihnen geben kann. Lassen Sie zu, dass der Leitfaden Ihre Aufmerksamkeit packt, Sie zur Aktivität anregt und Ihre Vorsätze für das nächste Jahr neu fokussiert.

Jetzt, da Sie Ihre Pläne für das kommende Jahr formuliert haben, ist das folgende Modell für die erfolgreiche Umsetzung Ihrer Ziele von großem Wert. Es ist eine einfache Erinnerung an die Grundlagen dieses Konzepts. Die drei Ecken des Dreiecks sollen die Schlüsselaspekte versinnbildlichen, die bestehen bleiben müssen, damit Sie Ihre Ziele erreichen. Ich nenne es das E-U-D-Modell.

E Wenn wir uns der *externen* Faktoren bewusst sind, also dessen, was wir brauchen und tun müssen, um uns auf unser Ziel zuzubewegen, sind wir auf dem richtigen Weg. Übernehmen Sie die volle Verantwortung für jedes Ziel: Finden Sie heraus, was Sie tun müssen, und setzen Sie es um.

U Ein Coach, ein Kollege, ein Freund – jede Form der *Unterstützung* – hilft uns zu erkennen, was wir tun müssen (E) und unterstützt uns dabei, auf unser neues Paradigma umzusteigen und es beizubehalten.

D Unser *Denkmuster*, also die Art, wie wir ein Problem sehen, kann über Erfolg oder Misserfolg bestimmen. Innere Hindernisse zu überwinden spielt die größte Rolle für unseren Erfolg. Sorgen Sie dafür, dass Ihr Augenmerk auf Ihr neues Denkmuster ebenso viel Aufmerksamkeit bekommt wie Ihre Ziele. Nehmen Sie sich dafür die notwendige Zeit.

Stellen Sie sich das E-U-D-Modell wie einen dreibeinigen Hocker vor. Achten Sie darauf, dass jedes Bein am richtigen Platz und funktionstüchtig ist, dann haben Sie eine simple und stabile Plattform, auf

E-U-D: Die narrensichere Methode

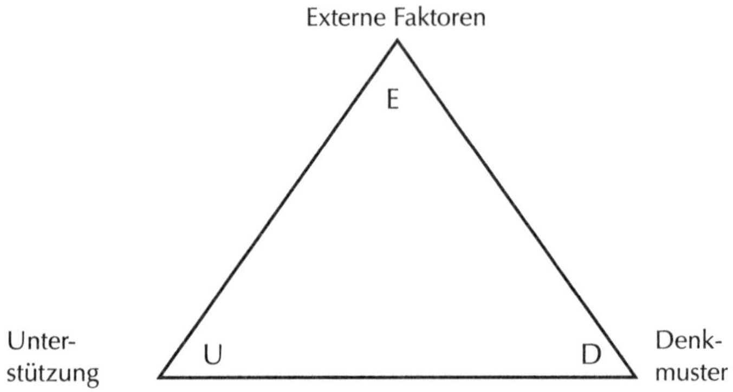

der Sie Ihre Ziele umsetzen können. Tun Sie das, was nötig ist (E), wechseln Sie Ihr Denkmuster zu einer Wahrnehmung, die Sie stärkt (D), und suchen Sie sich jemanden, der Sie dabei unterstützt (U).

Die Balance zwischen (E) und (D) ist äußerst wichtig. Ich kenne viele Menschen, die scheinbar alles richtig machen, aber dennoch ihre Träume nicht verwirklichen. Für gewöhnlich findet man das Problem in Form eines einschränkenden Denkmusters, das die ganze Zeit gegen den Erfolg argumentiert, während der Betreffende äußerlich fleißig auf seine Ziele zustrebt. Haben Sie auch schon einmal eine attraktive Person kennen gelernt, die aussieht, als würden ihr Scharen potenzieller Partner nachlaufen, und die trotzdem allein ist? Kaum einer dieser schönen Menschen hat sich das ausgesucht, sondern es ist eine Frage der einschränkenden Wahrnehmung.

Das Ziel, das wir erreichen wollen, muss sich im Gleichgewicht befinden mit unserer Einschätzung auf Erfolg.

Es reicht natürlich auch nicht, ein brillantes Paradigma formuliert zu haben und sich dann hinzusetzen und auf ein Wunder zu warten. Sicher, manchmal passiert eines. Aber nur wenn man die Ergebnisse, auf die man sein neues Paradigma gerichtet hat, auch aktiv weiter vorantreibt, ist das eine Garantie für Erfolg.

Wenn Sie sowohl das externe Handeln als auch das innere Denkmuster richtig aufeinander abstimmen, kommt Ihre Sache ins Rollen. Um ein erfülltes und erfolgreiches Jahr zu erleben, müssen Sie nicht nur Ihre Denkmuster ändern, sondern auch Ihr Handeln. Wenn Sie entweder Ihr externes Verhalten (E) *oder* Ihr internes mentales und emotionales Umfeld ändern (D), bringt das zwar auch etwas, aber eben nicht genug. Positive und andauernde Verbesserungen entstehen daraus, dass Sie beides ändern.

Wenn Sie versuchen, dieses Vorhaben mitten in Ihrem vielbeschäftigten Leben in Angriff zu nehmen, ist es manchmal schwierig, selbst ganz einfache Erkenntnisse im Auge zu behalten. Die Lösung liegt hier im dritten Bein unseres Hockers – der Unterstützung. Einige Menschen beherrschen die Kunst, sich selbst ein Coach zu sein, aber die meisten kommen besser zurecht, wenn sie sich einen Freund oder ein Familienmitglied suchen und sich regelmäßig mit ihm treffen, um die Fortschritte zu überprüfen. Solche Menschen sorgen auch dafür, dass wir ehrlich mit uns selbst bleiben.

Obwohl wir die neuen Ziele umsetzen wollen, ist uns dabei gelegentlich so unbehaglich zumute, dass wir die notwendigen Schritte lieber vor uns herschieben und nicht das tun, was wir tun müssten. Einem anderen Menschen zu versprechen, dass Sie Ihre Ziele aktiv anstreben und Ihr neues Paradigma anwenden, kann eine Menge bewirken. Vor Jahren, als ich mit dem Laufen anfangen wollte, schwor ich mir Tag für Tag, dass ich früh aufstehen und loslegen würde – aber ich schaffte es kaum einmal bis vor die Tür. Erst als ich mich für dreimal pro Woche um halb sieben an der Ecke mit einer Freundin verabredet hatte, klappte es plötzlich.

Gegenseitige Unterstützung kann sehr wertvoll sein. Manchmal motiviert es auch, wenn man das Programm zu zweit absolviert. Sie setzen sich monatlich mit Ihrem Partner zusammen und schauen, wie weit Sie mit Ihren Zielen gekommen sind, und stellen für den kommenden Monat neue Ziele auf. Sie können auch einen Arbeitskollegen fragen – einen Vorgesetzten oder einen Gleichgestellten; jeden, der gern selbst eine Standortbestimmung vornehmen oder die Aufgabe eines Coachs übernehmen möchte.

Suchen Sie eine gleich gesinnte Person und unterstützen Sie sich gegenseitig. Das Geheimnis liegt in Ihrer Bereitschaft, sich darin unterstützen zu lassen, das zu tun, was für Sie das Richtige ist.

Nutzen Sie die E-U-D-Lösung, um wieder in Schwung zu kommen, wenn Sie sich festgefahren haben. Sie steigert Ihr Bewusstsein und ist ein Katalysator für Aktivität. Denken Sie an ein bestimmtes Problem oder Ziel und beantworten Sie folgende Fragen, damit Sie weitermachen können:

E Was ist der nächste Schritt?
U Wer kann mir die Unterstützung geben, die ich brauche?
D Führt meine Sicht des Problems zum Erfolg?

Fallstricke

Notgedrungen wird es unterwegs Enttäuschungen geben, aber Sie können viele davon vermeiden, wenn Sie sich einige der Fallstricke bewusst machen und sich vor Augen führen, welche Auswirkungen sie auf Ihre Motivation haben können. Wenn Sie die Gefahren kennen, sind Sie darauf gefasst und können sie umgehen, statt ihnen in die Arme zu laufen.

Zu den entmutigendsten Einflüssen gehören die negativen Botschaften, die wir uns selbst zukommen lassen und die uns enorm schwächen. Diese Art von innerem Monolog gehört offenbar zum Menschsein. Wenn mir Leute von ihren Sorgen und Ängsten erzählen, von den Dingen, die sie sich ständig zu sich selbst sagen hören, dann denke ich, wir müssen alle denselben Sender eingestellt haben. Es klingt oft genau wie bei mir!

Der Trick ist, dass Sie sich dabei erwischen, wie Sie diesem Sender lauschen. Schalten Sie um auf eine andere Station – auf Ihr neues Paradigma. Auf die Station, die Ihre Wertvorstellungen übermittelt. Es ist schwer vorstellbar, dass Sie die innere Stimme ganz zum Schweigen bringen. Aber Sie haben die Kontrolle darüber, wie viel Aufmerksamkeit Sie dieser Stimme schenken, und worauf Sie sich konzentrieren. Eine Erkenntnis, die ich oft gehört habe, lautet: «Wir sind nicht verantwortlich für die Gedanken, die uns durch den Kopf gehen, nur dafür, was wir mit ihnen anfangen.» Eine weitere Falle lauert in der Negativität unserer Mitmenschen. Ich habe Menschen gekannt, die so positiv und enthusiastisch waren, dass ich dachte, nichts könnte sie aufhalten. Aber bei der ersten entmutigenden oder abschätzigen Bemerkung von jemand anderem löste sich ihre ganze Zuversicht in Luft auf. Zwar können wir gewisse Menschen nicht davon abhalten, dass sie uns das Gefühl vermitteln möchten, wir wären klein und dumm, aber wir können sie ignorieren oder – noch besser – wir können sie meiden. Suchen Sie sich Menschen, die Sie unterstützen und die sich Ihren Erfolg wünschen. Hören Sie ruhig motivierende Kassetten, um sich ins Gedächtnis zu rufen, wer Sie sind und was Sie können. Lesen Sie Bücher, die Sie dazu beflügeln, das zu tun, was Sie tun wollen.

Noch eins: Hüten Sie sich vor dem Endziel-Denken. Das geht ungefähr so: *Es ist mir gleich, was ich dieses Jahr durchmachen muss. Ich bin zu jedem Opfer bereit, um das zu kriegen, was ich will!* Dieser Ansatz führt Sie nicht in Ihr bestes Jahr. Es geht nicht darum, den Erfolg mit zusammengebissenen Zähnen herbeizuzwingen.

Wählen Sie den Berg nicht wegen des Gipfels, sondern wegen des Aufstiegs. Genießen Sie das Abenteuer!

Erworbenes ist abgetan, der Freude Seele liegt im Tun.
WILLIAM SHAKESPEARE

Goldzeit

Wie oft hat man Ihnen schon gesagt, dass Sie Ihre Zeit besser in den Griff kriegen müssen. Guter Rat, denken Sie, aber genau genommen ist es unmöglich. Zeit kann man nicht in den Griff kriegen. Ganz gleich, was Sie tun oder wie gut Sie organisieren, der Uhrzeiger zieht unerbittlich seine Runden. Aber Sie können sich selbst besser in den Griff kriegen.

Eines der größten Geheimnisse des erfolgreichen Selbstmanagements lässt sich mit einem einfachen, aber äußerst wirkungsvollen System beschreiben, das ich Goldzeit-Management nenne. Dabei geht es darum, die Aktivitäten ausfindig zu machen, die Ihnen in jeder Rolle am wichtigsten sind. Das nun folgende Goldzeit-Modell zeigt, wie das Ganze funktioniert.Goldzeit ist die Zeit, die man mit wichtigen, aber nicht dringenden Aktivitäten zubringt – Aktivitäten in der oberen rechten Ecke unseres Schaubilds. Der Name Goldzeit kommt daher, dass die Zeit, die Sie mit solchen Aktivitäten verbringen, Ihnen persönlich viel mehr bringt als Zeit, die Sie mit anderen Aktivitäten ausfüllen.

«Wichtige, aber nicht dringende» Aktivitäten sind solche, die für Sie am meisten Bedeutung besitzen. Zum Beispiel Ihre zehn wichtigsten Ziele für das nächste Jahr. Obwohl Sie die wirklich erreichen wollen und wissen, dass Sie viel glücklicher und erfüllter sein werden, wenn Sie sie umsetzen, kann Ihre Entschlossenheit ins Wanken gebracht werden von Aktivitäten aus den anderen drei Kästchen des Schaubilds. Es gibt zu viel, was getan werden muss

Goldzeit-Management

	Dringend	nicht dringend
wichtig		Goldzeit
Nicht wichtig		

(wichtig und dringend), bevor Sie Ihren persönlichen Plänen die nötige Zeit widmen können.

So schieben wir Zielsetzungen, wie beispielsweise Sport zu treiben und fit zu werden, immer wieder hinaus. Es ist so leicht zu warten. Irgendwann werden wir schon anfangen, aber momentan sind wir einfach zu beschäftigt. Wir sagen uns: «Sobald ich…» (Tragen Sie hier Ihre Begründung dafür ein, dass Sie immer wieder das verschieben, was für Sie wichtig ist.) Was auch immer es sein mag, es wird jedenfalls erledigt, bevor Sie sich die Zeit nehmen, fit zu werden. Die Jahre vergehen, die medizinischen Untersuchungen liefern immer bedrohlichere Ergebnisse und die Sache mit dem Sport gewinnt an Dringlichkeit. Aber ohne ein Bewusstsein für die Goldzeit wird das Leben aufgefressen von leeren Versprechungen wie: «Sobald ich…»

Die wirklich wichtigen Dinge dürfen nicht hinter den unwichtigen Dingen zurückstehen.

Je mehr Verantwortung Sie in Ihrem Leben übernehmen, desto wichtiger ist es, dass Sie eine so genannte Goldzeit verbringen. Sonst kann es passieren, dass Sie Ihre Ziele aus den Augen verlieren.

Beispielsweise sind Manager, die das vergessen, oft in Krisenstimmung und nicht imstande, in der Unternehmenskultur eine andauernde positive Veränderung herbeizuführen. Zwar ist ihnen klar, dass sie eigentlich die Leute in ihrem Unternehmen kennen lernen und ihnen zuhören müssten, aber leider ist ihr Terminkalender dafür im Augenblick einfach zu voll. Sie wissen, wenn sie ihre Arbeit sinnvoll gestalten wollen, müssen sie in aller Ruhe für die Zukunft planen. Aber zuerst muss leider noch die Rede für die Industriekonferenz nächste Woche vorbereitet werden. Und so verstreicht das Leben.

Es ist einfach, auf diese neue Art des Selbstmanagements umzuschwenken. Widmen Sie sich zuerst den Goldzeit-Aktivitäten. Dadurch bleiben Sie sich selbst und Ihren Wertvorstellungen treu. Diese Denkart schafft Echtheit in Ihrem Leben. Dadurch, dass ich in diesem Ansatz im Lauf der Jahre immer besser wurde, bin ich innerlich und äußerlich viel gesünder geworden und fühle mich wesentlich mehr im Gleichgewicht. Ich habe erkannt, dass ich über mich selbst die Kontrolle habe. Wenn ich Goldzeit-Selbstmanagement betreibe, habe ich die Verantwortung für die Gestaltung meines Lebens.

Stellen Sie sich selbst, Ihre Werte und Ihre zehn wichtigsten Ziele an erste Stelle. Der Rest erledigt sich von selbst. Wenn Sie einen Schritt gemacht haben, der Sie Ihren Zielen näher bringt oder Ihnen hilft, in einer Ihrer Rollen besser zu werden, bekommen Sie Selbstrespekt und Energie, und können auch die dringenden Aktivitäten in weniger Zeit in Angriff nehmen.

Meine Erfahrung hat die folgenden Vorteile von Goldzeit-Management hervorgebracht:

- Selbstrespekt; das Gefühl, sich selbst treu zu sein.
- Weniger Stress und Anspannung.
- Bessere Leistung in allen wichtigen Rollen.
- Weniger Panik in letzter Minute.
- Ein Gefühl persönlicher Stärke.
- Persönliche Erfüllung.
- Ende der Opferrolle – ich mache viel mehr das, was mir wirklich wichtig ist.

Die Methode

Eine simple Methode hilft Ihnen, Ihr Augenmerk auf Ihre zehn wichtigsten Ziele zu richten und diese zu erreichen. Sie brauchen jedoch Disziplin und Konzentration auf das, was Ihnen am wichtigsten ist. Die Methode basiert auf gesundem Menschenverstand. Wenn Sie ein Jahresziel erreichen wollen, machen Sie regelmäßig kleine Schritte in diese Richtung, und Sie werden dort ankommen.

Setzen Sie sich monatliche Ziele, die sozusagen Dreißigtagestücke von dem repräsentieren, was getan werden muss, damit Sie Ihre zehn wichtigsten Ziele erreichen. Setzen Sie sich dann wöchentliche Goldzeit-Ziele, die Sie Ihren Monatszielen näher bringen.

Am Ende jedes Monats nehmen Sie sich dreißig Minuten Zeit und sehen sich Ihren Plan für Ihr nächstes Jahr an. Nehmen Sie sich jedes einzelne Ihrer zehn Ziele vor und benennen Sie den Schritt, der im nächsten Monat ansteht, damit Sie auf dem richtigen Weg zu Ihrem Ziel bleiben. Rufen Sie sich Ihre Richtlinien und Werte in Erinnerung und setzen Sie sich Teilziele, die Sie Ihrem besten Jahr näher bringen.

Die zehn Hauptziele	Ziele für den Monat Juni
1. Goldzeit-Management praktizieren.	1. Goldzeit-Management praktizieren.
2. Mit den Vorbereitungen für die Indienreise im nächsten Jahr fertig werden.	2. Das Budget für die Indienreise machen und einen Sparplan entwerfen.
3. Mich besser um meine Mutter kümmern.	3. Mutter jede Woche einmal anrufen.
4. Das Jahresverkaufsziel erreichen.	4. Viertausend Mark in das neue Geschäft stecken.
5. Fit und gesund werden.	5. In einen Fitnessclub eintreten und dreimal pro Woche trainieren.
6. Eine Liste von zehn Büchern aufstellen, die ich immer lesen wollte, und alle lesen.	6. *Die Prophezeiungen von Celestine* lesen.
7. Mich mindestens zwei Abende pro Woche mit Freunden treffen.	7. Sam und Anita zum Essen einladen.
8. Tagebuch schreiben und dranbleiben.	8. Das Tagebuch kaufen und mindestens zweimal pro Woche hineinschreiben.
9. Das Wohnzimmer renovieren.	9. Den Gasofen, den ich mir wünsche, finden und kaufen.
10. Eine glückliche Beziehung mit einer Frau anfangen.	10. Diane anrufen, sie zum Essen und ins Kino einladen.
	11. Drei Abende pro Woche keinen Alkohol trinken.
	12. Meinen Bruder und meine Schwester anrufen.

Ich habe gemerkt, dass meine Monatsliste am besten funktioniert, wenn ich nicht mehr als zehn bis fünfzehn Ziele habe. Diese Anzahl erlaubt es mir, mich jedem meiner zehn Hauptziele einen Schritt zu nähern und trotzdem noch ein paar andere Ziele aufzunehmen, die mir zurzeit in meinen Lebensrollen besonders wichtig sind. Am Ende des Monats sehe ich mir dann an, was passiert ist, und rechne aus, welchen Prozentsatz meiner Ziele ich erreicht habe. Kaum einmal erreiche ich hundert Prozent, aber das spielt keine Rolle. Wichtig ist nur, dass ich mir bewusst bin, was ich tue und was ich als Nächstes in Angriff nehmen muss.

Im Zentrum dieser Methode liegt die wöchentliche Goldzeit-Management-Sitzung. Eine Woche ist ein überschaubarer Zeitraum, in dem wir es schaffen können, das zu tun, was uns am wichtigsten ist, und uns treu zu bleiben. Wenn Sie dieses System erst einmal etabliert haben, dauert diese Sitzung nur noch etwa fünfzehn Minuten pro Woche.

Widmen Sie sich einmal pro Woche Ihren Monatszielen und legen Sie für die nächste Woche die Schritte fest, die Sie diesen Zielen näher bringen – die meisten Leute wählen den Freitagnachmittag, Sonntagabend oder den frühen Montagmorgen, um dies zu tun. In manchen Wochen gibt es vielleicht gar nichts zu tun. Das ist auch gut, aber wenigstens haben Sie sich die Zeit genommen, über Ihre Pläne nachzudenken.

Genauso wichtig ist es, dass Sie sich Zeit nehmen, um über Ihre Rollen nachzudenken. Versetzen Sie sich einmal pro Woche in jede Rolle hinein und fragen Sie sich: «Was ist das Wichtigste, das ich diese Woche in dieser Rolle erreichen will? Was kann ich tun, was würde in dieser Rolle die größten Veränderungen herbeibringen?» Diese Übung bringt Sie ganz von selbst in Kontakt mit Ihren persönlichen Wertvorstellungen und Prioritäten. Finden Sie auf der Grundlage Ihrer Antworten für jede Rolle ein Wochenziel.

Ihre Liste mit den wöchentlichen Goldzeit-Zielen ist eine Kombination der Schlüsselziele für jede Ihrer Rollen und den Schritten, die Sie machen müssen, um Ihre monatlichen Ziele zu erreichen.

Die wöchentliche Goldzeit-Managementsitzung soll nicht von Ihrem Terminkalender oder von dringenden Erledigungen beeinträchtigt werden. Sie können immer noch tägliche Erledigungslisten erstellen, um dringende Dinge zu bewältigen. Aber bringen Sie sich selbst dazu, vor allem Ihre wöchentlichen Goldzeit-Ziele zu erreichen.

Ziele der wöchentlichen Goldzeit-Managementsitzung

1. Überprüfen Sie Ihre Goldzeit-Ziele der letzten Woche und erkennen Sie, was Sie geleistet haben.
2. Betrachten Sie Ihre Monatsziele und setzen Sie, wenn nötig, wöchentliche Goldzeit-Ziele, die Sie diesen Zielen näher bringen.
3. Machen Sie sich Gedanken über Ihre einzelnen Rollen und stellen Sie sich folgende Fragen:
   - Was ist das Wichtigste, das ich in dieser Rolle in der nächsten Woche erreichen will?
   - Was kann ich tun, um in dieser Rolle etwas zu verändern?
4. Setzen Sie sich auf der Basis Ihrer Antworten ein wöchentliches Goldzeit-Ziel für jede Rolle.

Als ich mich mit einem Klienten über diese Methode unterhielt, meinte er: «Es ist nicht fair, nur ein Ziel für meine Rolle als leitender Angestellter zu haben, wenn ich in dieser Rolle doch so viel mehr zu tun habe als in vielen anderen Rollen. Warum sollte ich ein Ziel an meine Rolle als Vater verschwenden, wenn ich als leitender Angestellter achtzehn Dinge zu erledigen habe? Kann ich in dieser Rolle nicht mehr Ziele setzen und dafür bei den anderen Rollen, die mir gerade nicht so wichtig sind, Ziele auslassen?»

Bestimmt können Sie das Dilemma nachvollziehen. Aber es basiert auf einem Aufgabendenken und wird ausgelöst durch die

Menge dessen, was zu tun ist. Es orientiert sich an der Zeit, statt an Rollen und persönlichen Werten. Die Goldzeit-Methode hat mit Zeit herzlich wenig zu tun. Sie soll einmal pro Woche dafür sorgen, dass Sie einen Schritt zurücktreten, damit Sie Ihr Leben und die Rollen, die Sie darin spielen, anschauen können. Sie zwingt Sie, sich einen Moment lang in diese Rollen hineinzuversetzen und in jeder davon einen wichtigen Handlungsschritt auszuwählen.

Manche Ihrer Rollenziele für die nächste Woche brauchen vielleicht nur ein paar Minuten, beispielsweise «Meine Mutter anrufen». Andere, wie zum Beispiel «Die Rohfassung von Kapitel drei schreiben», können Stunden in Anspruch nehmen. Aber es geht bei der wöchentlichen Goldzeit-Auswertung nicht um Zeit. Es geht um das Gleichgewicht in Ihrem Leben, darum, dass Sie Ihr Leben nicht der Jagd nach dringenden, kurzfristigen «Pflichten» opfern. Ich bin zu der Erkenntnis gekommen, dass mein ganzes Leben von dieser Jagd aufgefressen zu werden drohte und ich nie zu dem kommen würde, was ich wirklich wollte. Dieses Buch zu schreiben, war ein Goldzeit-Triumph für mich. Die Fragen zu diesem Programm zu beantworten, ist ein Goldzeit-Trimph für Sie.

Wenn Sie Ihre Ziele aufgeschrieben haben, platzieren Sie sie an einer Stelle, wo Sie sie nicht vergessen können und bringen Sie sich selbst dazu, sie umzusetzen.

Meiner Erfahrung nach ist das größte Problem, dass wir selbst Goldzeit-Aktivitäten vermeiden. Meistens greifen wir lieber zum Telefon oder machen uns noch eine Tasse Kaffee, statt das zu tun, was notwendig ist, um ein Goldzeit-Ziel zu erreichen. Die einzige Lösung, die ich gefunden habe, beginnt mit D. Wir brauchen *Disziplin* – die Disziplin, die Sache durchzuziehen, trotz des Drangs, noch eine Tasse Kaffee zu machen, zu telefonieren oder ein wohlverdientes Päuschen einzulegen. Lassen Sie sich nicht von einer unsichtbaren Hand von Ihrer wichtigsten Aufgabe wegziehen, kämpfen Sie sich durch die ablenkenden Gedanken, bis Sie das fertig haben, was Sie wollten. Allem Anschein nach wird das durch Übung zwar nicht leichter, aber es funktioniert allemal! Nachdem Sie so viel darüber nachgedacht haben, wie Sie für die nächste Woche ein klares Ziel entwickeln können, kann schon ein bisschen Disziplin Wunder wirken.

Wieder ist es vielleicht das Beste, wenn Sie sich Unterstützung von außen suchen, die Ihnen dabei hilft, das zu tun, was zu tun ist. Wenn Sie sich einmal pro Monat mit einem Coach, einem Freund, einem Kollegen oder einem Familienmitglied treffen und Ihre Ziele inspizieren, werden Sie rasch merken, dass Sie nicht nur bei Ihren monatlichen Zielen erfolgreicher sind, sondern dass Sie die Energie und die Bewusstheit immer stärker spüren, die Ihnen helfen, Ihr bestes Jahr zu erleben.

DRITTER TEIL

Der Workshop für mein bestes Jahr

Wie fange ich an?

Ehe Sie mit dem Workshop beginnen, möchte ich Ihnen einige Tipps geben, die Ihnen helfen, in unser Programm einzusteigen, und die dafür sorgen, dass Sie so viel Erfolg haben, wie nur möglich.

1. *Entscheiden Sie, ob Sie das Programm allein durcharbeiten wollen.* Vielleicht haben Sie das Gefühl, dass Sie diese Standortbestimmung für sich allein vornehmen wollen, und das funktioniert auch gut.

Allerdings sind viele meiner Freunde und Klienten der Ansicht, dass es wirksamer und einfacher ist, mit mindestens einer anderen Person einen Zeitpunkt zu vereinbaren, um das Programm gemeinsam durchzuarbeiten. Dann wissen alle Beteiligten, wann sie sich damit zu beschäftigen haben, und es ist unwahrscheinlicher, dass jemand zurückbleibt oder bewusst Verzögerungstaktiken anwendet. Außerdem kann ein solches Arrangement auch Spaß machen.

Wenn Sie mit einem Freund arbeiten, haben Sie außerdem ganz selbstverständlich einen Partner, mit dem Sie sich im Lauf des Jahres in regelmäßigen Abständen treffen können, um Ihre Fortschritte zu überprüfen und sich gegenseitig zu unterstützen.

2. *Bringen Sie sich in die richtige Stimmung.* Man kann die Bestandsaufnahme als Zeit für sich selbst betrachten. Sie haben ein Jahr im Fluss des Lebens verbracht und wollen nun ans Ufer klettern, sich ausruhen und sehen, wie Sie zurechtgekommen sind.

Überlegen Sie sich, wie viel dieser Prozess für Sie bewirken könnte. Eine positive innere Einstellung hilft die versteckten Barrieren zu neuen Denk- und Verhaltensweisen zu überwinden.

Um mich zu inspirieren, das Beste aus diesen Stunden herauszuholen, gestalte ich diese Zeit möglichst anregend und angenehm.

3. *Suchen Sie sich Ihren Arbeitsraum aus.* Schaffen Sie eine besondere Umgebung für sich. Räumen Sie einen (Schreib-)Tisch ab und sorgen Sie dafür, dass die Beleuchtung gut ist. Tun Sie alles, damit Sie sich so wohl und positiv wie möglich fühlen. Stellen Sie den An-

rufbeantworter an oder legen Sie den Hörer neben das Telefon. Wenn Sie erst einmal in Fahrt sind, wollen Sie vielleicht nicht unterbrochen werden.

Vor einigen Jahren gab mir ein Freund den Tipp, dass klassische Musik, vor allem Barockmusik, die Inspiration und das kreative Denken unterstützt, und dies hat sich tatsächlich bewährt. Jedes Mal, wenn ich einen Impuls brauche, um ein Projekt in Gang zu bringen, spiele ich Bach oder Vivaldi. Schon bald wird mein Kopf klarer und meine Konzentrationsfähigkeit nimmt zu. Ich spüre, dass ich mich von dem treiben lasse, was ich tue, und mich tiefer auf mein Projekt einlasse. Mein natürlicher Enthusiasmus und meine Motivation werden größer und ich erreiche schließlich einen Zustand, in dem ich nicht aufhören und auch nicht unterbrochen werden will. Dann vergesse ich auch meinen aktuellen Frust und meine Probleme und bin ganz im gegenwärtigen Augenblick.

Wir haben klassische Musik auch in unseren Workshops eingesetzt, mit durchweg positiven Auswirkungen. Bach-Kantaten, Vivaldi-Sinfonien, Händel-Oratorien oder Mozart-Konzerte – falls Sie keine Kassetten oder CDs mit solcher Musik besitzen, leihen Sie sich welche oder versuchen Sie es wenigstens dreißig Minuten mit dem Klassiksender im Radio und achten Sie auf die Auswirkung auf Ihre Konzentrations- und Denkfähigkeit.

4. *Legen Sie sich das notwendige Arbeitsmaterial zurecht.* Im nun folgenden Workshop-Teil ist genug Platz für Ihre Antworten zu den verschiedenen Fragen. Aber natürlich können Sie Ihre Antworten auch auf einem Schreibblock festhalten. Sie können die Standortbestimmung auch als Vorwand nehmen, endlich ein Tagebuch anzufangen, und ein Notizbuch oder ein eigens für diesen Zweck gekauftes Heft benutzen. Legen Sie sich Ihren Lieblingsstift zurecht, Ihren Planer oder Kalender, der Ihnen als Gedächtnisstütze dienen kann, wenn Sie nicht mehr ganz genau wissen, was im letzten Jahr wirklich passiert ist.

Vor kurzem habe ich meine jährliche Bestandsaufnahme auf dem Computer durchgeführt. Für diejenigen, die über die notwendigen Kenntnisse verfügen, hat diese Methode einen besonderen Reiz und bietet den zusätzlichen Vorteil, dass Sie Ihre Antworten und die Endfassung Ihres Jahresplans auch mehrfach ausdrucken können.

5. *Durchdenken Sie diese Tipps und Ratschläge.* Natürlich ist es möglich, den Workshop durchzuführen, indem Sie ins Leere starren und sich die Fragen durch den Kopf gehen lassen, aber es funktioniert besser, wenn Sie Ihre Antworten auch gleich aufschreiben. Auf diese Weise wachsen Sie automatisch in den Prozess hinein und Sie kommen besser damit zurecht. Ihre Bewusstheit wächst, Gedanken und Wahrnehmungen werden klarer, und während Sie auf ganz neue Weise grübeln und nachdenken, werden wichtige Verbindungen hergestellt.

Wenn Sie Ihre Antworten aufschreiben, denken Sie vielleicht oft: «O ja, daran hab ich noch gar nie gedacht.» Wenn Sie Ihre Antworten schriftlich haben, können Sie Ihre Notizen jederzeit wieder ansehen, können Seiten umblättern und Neues hinzufügen, in einem permanenten Prozess von Anregung und Erkenntnis. Sich hinzusetzen und den Stift in die Hand zu nehmen ist der schwerste Teil, aber ich verspreche Ihnen, dass Sie nach zehn bis zwanzig Minuten Feuer fangen und schon bald voll bei der Sache sind.

Nehmen Sie sich mindestens eine Seite pro Frage vor oder machen Sie das vorliegende Buch zu Ihrem Tagebuch und schreiben Sie die Antworten in die vorgesehenen freien Stellen. Wenn Sie eigenes Papier benutzen, schreiben Sie die Fragen oben auf die Seite. Beginnen Sie in jedem Fall damit, dass Sie sich die Frage stellen und dann den Antworten in Ihrem Herzen und Ihrem Kopf lauschen. Schreiben Sie auf, was immer Ihnen einfällt. Begehen Sie nicht den Fehler, sich zu zensieren und zu beurteilen. Lassen Sie Ihre Antworten frei fließen. Später können Sie sie ändern oder etwas hinzufügen, aber lassen Sie ihnen anfangs einfach freien Lauf.

Bei jeder Frage werden Sie an einen Punkt kommen, an dem Ihnen nichts mehr einfällt. Dann ist es Zeit, zum nächsten Punkt überzugehen. Vielleicht fallen Ihnen später noch weitere Antworten ein, also lassen Sie genügend Platz.

Ob Sie allein oder mit anderen zusammen arbeiten, diese Standortbestimmung ist in jedem Fall eine sehr persönliche Angelegenheit, und Sie werden vielleicht merken, dass Sie es gern dabei belassen möchten. Vielleicht möchten Sie aber auch Ihre wichtigsten Erkenntnisse und Beschlüsse mit weiteren Personen teilen, da Sie gern ein wenig Unterstützung und Ermutigung von außen hätten.

Nutzen Sie das Beantworten dieser Fragen dazu, in sich hineinzublicken und so ehrlich zu sein wie nur möglich. Belügen Sie sich vor allem nicht selbst. Niemand braucht je zu Gesicht bekommen, was Sie formuliert haben, aber es ist wichtig, dass Sie es aufschreiben.

Zweck und Ziele

Es ist wichtig, sich vor der Bestandsaufnahme über den Zweck und die Ziele dieses Workshops klar zu werden.

Zweck des Workshops

- Das nächste Jahr zu meinem bisher besten Jahr zu machen.

Ziele des Workshops

- Die Ereignisse des letzten Jahres zur Kenntnis nehmen und würdigen.
- Nützliche Erkenntnisse formulieren.
- Ein positives inneres Denkmuster schaffen, um die gewünschten Ergebnisse zu erzielen.
- Meine zehn wichtigsten Ziele für das nächste Jahr bestimmen.
- Einen Leitfaden für mein bestes Jahr aufstellen (eine Seite).

Der Workshop für mein bestes Jahr

Rufen Sie sich die Tipps vom Beginn dieses Kapitels ins Gedächtnis, überdenken Sie das letzte Jahr und schreiben Sie Ihre Antworten auf Frage eins und Frage zwei auf.

1. Was habe ich bisher erreicht?

2. Welches waren meine größten Enttäuschungen?

3. Was habe ich daraus gelernt?

Während Sie gedanklich das letzte Jahr an sich vorüberziehen lassen, denken Sie an das, was Sie gelernt haben. Das können Erkenntnisse fürs Leben sein, die Sie gewonnen und in die Tat umgesetzt haben, oder Lektionen, die Sie noch lernen wollen – je nachdem, was passiert ist. Stellen Sie sich einfach die Frage und schreiben Sie Ihre Antworten auf, wie Sie Ihnen in den Sinn kommen. Lassen Sie nichts unter den Tisch fallen – schreiben Sie es auf!

Damit Sie sich an alle Erkenntnisse oder möglichen Lektionen erinnern, sehen Sie sich Ihre Liste mit den Erfolgen und Enttäuschungen noch einmal an. Formulieren Sie Ihre Antworten als klare, direkte Ratschläge – als Anweisungen. Lassen Sie keine Zweifel offen, was zu tun ist, um Ihre Erkenntisse zu befolgen. Machen Sie weiter, bis Sie das Gefühl haben, dass Sie alles Gold aus Ihren letztjährigen Erfahrungen geschürft haben.

Welche drei der oben erwähnten Erkenntnisse sind Ihnen fürs nächste Jahr am wichtigsten? Wählen Sie Ihre drei Toplektionen aus und schreiben Sie sie als persönliche Richtlinien für Ihr nächstes Jahr auf. Benutzen Sie ein aktives Verb und formulieren Sie so kurz und prägnant wie möglich. Benutzen Sie die Beispiele auf Seite 66 als Anregung.

Richtlinien für das nächste Jahr

1. ______________________________

____

2. ______________________________

____

3. ______________________________

____

4. Wo stehe ich mir selbst im Weg und wie kann ich damit aufhören?

Damit Sie Ihr bestes Jahr erleben, sorgen Sie dafür, dass die Art, wie Sie sich selbst und Ihre Ziele betrachten, Sie ermutigt und Ihren Erfolg unterstützt. Eine Veränderung tritt ein, wenn Sie sich ins Zentrum Ihres Lebens stellen und Ihre Welt aktiv gestalten, statt sich von den äußeren Gegebenheiten beeinflussen zu lassen. Mit Hilfe Ihrer Intelligenz und Ihrer Kraft können Sie eine neue Realität für sich gestalten.

Das wirksamste Werkzeug für eine persönliche Veränderung ist der Paradigmawechsel. Ein Paradigma ist die Art, wie Sie sich selbst, andere, Ihr Leben, überhaupt alles sehen. Einige unserer Paradigmen stärken uns, so zum Beispiel: «Ich war schon immer gut mit Zahlen.» Manche jedoch schränken uns ein, beispielsweise: «Ich bin kein Mensch, der viel Geld verdient.»

Die nächsten drei Teilfragen sollen Ihnen helfen herauszufinden, wie Sie sich selbst im Weg stehen, indem Sie Dinge von sich selbst annehmen, die automatisch zu Enttäuschungen statt zu Erfolg führen.

Wo stehe ich mir selbst im Weg?

In welchen Lebensbereichen erreiche ich nicht das, was ich will?

Wie versuche ich meine Fehlschläge zu erklären?

Ihre Antworten auf die letzte Frage benennen Ihre einschränkenden Paradigmen. Was erreichen Sie mit diesen Wahrnehmungen und Perspektiven? Wohin führen sie Sie? Wir nähren solche Vorstellungen mit unserer Intelligenz und unserem Bewusstsein, und die Ergebnisse stimmen meist mit den entsprechenden Denkmustern überein. Das Leben ist eine sich selbst erfüllende Prophezeiung.

Betrachten Sie Ihre einschränkenden Denkmuster und markieren Sie dasjenige, das zum gegenwärtigen Zeitpunkt den stärksten negativen Einfluss auf Sie ausübt. Welchem sind Sie so richtig hörig? Nehmen Sie sich dieses Paradigma vor – es ist das, welches Sie zu einem neuen, stärkenden Paradigma für Ihr nächstes Jahr umwandeln wollen.

Formulieren Sie nun ein neues Denkmuster, das diese einschränkende Wahrnehmung aus den Angeln hebt. Achten Sie darauf, dass es die folgenden Kriterien erfüllt:

- positiv,
- persönlich,
- in der Gegenwart formuliert,
- aktiv und klar ausgedrückt,
- eröffnet eine spannende neue Perspektive.

Hier einige Beispiele:

- Ich bin fähig, das zu bekommen, was ich will.
- Ich habe das Talent, das ich brauche, um erfolgreich zu sein.
- Ich bin imstande, meine Grenzen zu überwinden.
- Ich war noch nie so wach und lebendig.
- Was ich mir in den Kopf setze, erreiche ich auch.

Neues Denkmuster

____

____

____

5. Was sind meine persönlichen Werte?

Überlegen Sie, was Ihnen in Ihrem Leben am wichtigsten ist. Was sind die versteckten Antriebskräfte hinter den greifbareren Zielen? Welche Werte wollen Sie in Ihrem Leben zum Ausdruck bringen?

Ihre persönlichen Wertvorstellungen liefern die stärkste Motivation für Veränderungen und das Erreichen von wichtigen Zielen. Persönliche Werte lassen sich in ein oder zwei simple Worte fassen, die Ihre zentralen Prinzipien ausdrücken. Beispiele solcher Werte sind Integrität, Ehrlichkeit, Mitleid mit anderen, Einhalten von Versprechen, Fürsorge für sich selbst, liebevoller Umgang mit Mitmenschen und so weiter. Schlagen Sie die entsprechende Seite im zweiten Teil dieses Buches auf, wenn Sie noch mehr Anregungen brauchen.

Um sich diese Grundlagen für die Planung des nächsten Jahres ins Gedächtnis zu rufen, fertigen Sie jetzt eine Liste mit Ihren persönlichen Wertvorstellungen an.

6. Welche Rollen spiele ich in meinem Leben?

Das Leben aus der Perspektive Ihrer Rollen anzusehen ist eine hervorragende Methode, die verschiedenen Bereiche Ihres Lebens zu verknüpfen, und dabei jedoch stets sich selbst und Ihre persönlichen Werte ins Zentrum zu rücken. Ihre Rollen sind der Rahmen für Ihre Ziele und die Planung Ihres nächsten Jahres. Sie zu erforschen ist der beste Weg, um sicherzustellen, dass Sie Ihr Leben ins Gleichgewicht bringen.

Schreiben Sie alle Rollen auf, die Sie zur Zeit innehaben, wie zum Beispiel Vater, Sohn, Freundin, Managerin, Hausfrau/Hausmann. Holen Sie sich bei der ausführlichen Beschreibung auf Seite 110 bei Bedarf noch mehr Anregungen.

Sie können auch alle Rollen hinzufügen, die Sie im nächsten Jahr neu übernehmen möchten, zum Beispiel: Matrose, Schriftsteller, Dichter, Schauspieler, Student. Haben Sie vielleicht eine neue Traumrolle entdeckt?

Verdichten Sie Ihre Rollenliste so weit, dass Sie nicht mehr als acht Rollen haben. Fassen Sie bei Bedarf mehrere Rollen unter einer Überschrift zusammen. Zweck dieser Übung ist es sicherzustellen, dass Sie jeder Rolle ausreichend Aufmerksamkeit zukommen lassen können.

1. ______
2. ______
3. ______
4. ______
5. ______
6. ______
7. ______
8. ______

7. Auf welche Rolle will ich mich im nächsten Jahr konzentrieren?

Denken Sie an Ihre persönlichen Wertvorstellungen – wie sollen sie Ihr Verhalten in den einzelnen Rollen beeinflussen und lenken? Betrachten Sie das Lebensüberblick-Diagramm weiter unten und schätzen Sie mit seiner Hilfe ein, wie zufrieden Sie mit sich in der jeweiligen Rolle sind.

Wie benutze ich das Lebensüberblick-Diagramm?

1. Schreiben Sie den Namen der jeweiligen Rolle ans Ende jeder «Speiche».
2. Jede Speiche ist in zehn Abschnitte unterteilt. Schätzen Sie auf dieser Skala von 1 bis 10 Ihre Leistung ein, wobei 10 – der

Lebensüberblick: Einschätzung von Leistung und Gleichgewicht

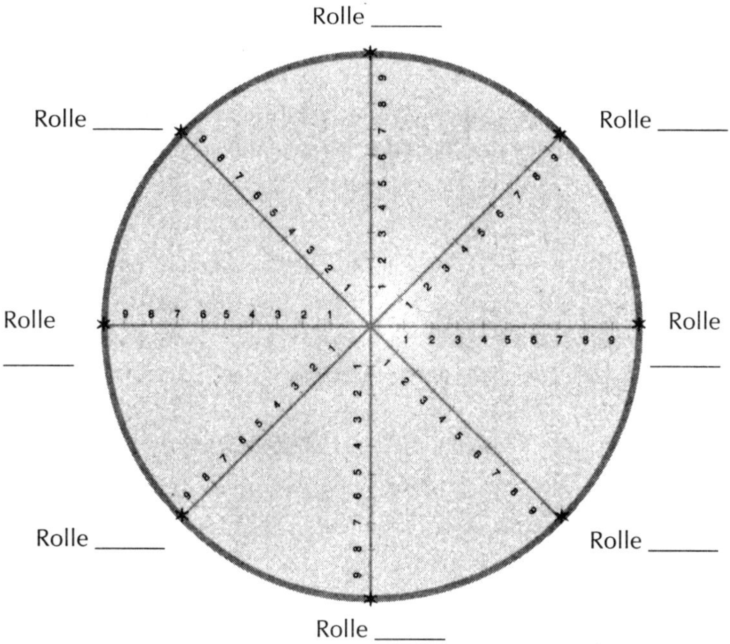

Stern am Ende einer Speiche – den höchsten Wert darstellt. Wenn Sie beispielsweise mit Ihrer Leistung absolut zufrieden sind, geben Sie sich eine 10, wenn Sie zu fünfzig Prozent zufrieden sind, eine 5. Wenn Sie in dieser Rolle gar nichts tun oder wenn Ihre Leistung erbärmlich ist, stufen Sie sich wahrscheinlich mit einer 1 ein.

3. Machen Sie auf der jeweiligen Linie einen Punkt bei dem Wert, den Sie sich geben.
4. Verbinden Sie die Punkte, um Ihr allgemeines Leistungsniveau einzuschätzen und sich ein Bild von Ihrem Gleichgewichtszustand zu machen.

Um Ihren Schwerpunkt fürs nächste Jahr zu finden, sehen Sie sich Ihre Ergebnisse im Diagramm an. Stellen Sie sich dann folgende Fragen:

- Wenn ich ein Problem ein für alle Mal hinter mir lassen könnte, welches wäre das?
- In welcher Rolle wünsche ich mir einen Durchbruch?
- Wenn ich am Jahresende einen dicken Scheck neben eine meiner Rollen legen könnte, um deutlich zu machen, dass ich diese Rolle gemeistert habe, welche Rolle wäre das?
- Was ist momentan für mich das größte Hindernis, um erfolgreich und glücklich zu sein.

Wichtigste Rolle

____

____

____

____

____

8. Was sind meine Ziele für jede Rolle?

Ehe Sie sich über ein bestimmtes Ziel fürs nächste Jahr Gedanken machen, nehmen Sie sich die Zeit zu entscheiden, welche Lebensbereiche zu Ihren jeweiligen Rollen gehören. Beispielsweise könnte die Rolle der Hausfrau/des Hausmanns Kochen, Einrichten, das Bezahlen von Rechnungen und so weiter umfassen.

Im Folgenden finden Sie acht Vordrucke, einen für jede Ihrer Rollen. Tragen Sie die dazugehörenden Lebensbereiche an entsprechender Stelle ein.

Setzen Sie sich Ziele für jede Ihrer Rollen und behalten Sie dabei im Kopf, dass ein konkretes Ziel folgende Kriterien erfüllen muss:

- spezifisch,
- messbar,
- enthält ein aktives Verb.

Auf Seite 135ff. können Sie nachschlagen, wenn Sie weitere Informationen zum Zielesetzen benötigen.

Wenn Sie Ihre Ziele aufgeschrieben haben, überprüfen Sie jedes davon noch einmal darauf hin, ob es mit Ihren persönlichen Wertvorstellungen übereinstimmt und ob Sie bereit sind, das zu tun, was nötig ist, um es zu erreichen. Sollte dies nicht der Fall sein, streichen Sie das Ziel von Ihrer Liste.

Rolle: ______________________________

Dazugehörende Bereiche:

ZIELE:

Rolle: ______________________________

Dazugehörende Bereiche:

ZIELE:

Rolle: ______________________________

Dazugehörende Bereiche:

______________ ______________ ______________

______________ ______________ ______________

ZIELE:

____

____

____

____

____

Rolle: ______________________________

Dazugehörende Bereiche:

______________ ______________ ______________

______________ ______________ ______________

ZIELE:

____

____

____

____

____

Rolle: ____________________

Dazugehörende Bereiche:

ZIELE:

Rolle: ____________________

Dazugehörende Bereiche:

ZIELE:

Rolle: ______________________________

Dazugehörende Bereiche:

______ ______ ______

______ ______ ______

ZIELE:

____

____

____

____

____

Rolle: ______________________________

Dazugehörende Bereiche:

______ ______ ______

______ ______ ______

ZIELE:

____

____

____

____

____

9. Was sind meine zehn wichtigsten Ziele für das nächste Jahr?

Ehe Sie Ihre zehn wichtigsten Ziele auswählen, sollten Sie sich Ihre Antworten auf die ersten sieben Fragen noch einmal durchlesen und sich daran erinnern, was für Sie wirklich wichtig ist und warum.

Sehen Sie sich alle Ziele noch einmal an, die Sie sich für Ihre einzelnen Rollen gesetzt haben, und wählen Sie die zehn davon aus, die Ihnen am meisten bedeuten und die für Sie die größten Veränderungen bewirken würden. Wenn Sie Ihre Wahl getroffen haben, überprüfen Sie die Liste noch einmal und vergewissern Sie sich, dass Sie mit dem Gleichgewicht von Rollen und Werten zufrieden sind. Haben Sie etwas vergessen? Bekommt etwas zu viel oder zu wenig Aufmerksamkeit?

Setzen Sie jetzt Ihre Prioritäten: Auf Platz eins kommt Ihr wichtigstes Ziel, danach die übrigen Ziele in absteigender Rangfolge. Füllen Sie nun noch einmal die Grundlagen für Ihren Jahresplan in die Lücken der folgenden Vordrucke.

Die zehn wichtigsten Ziele

1. ______________________________
2. ______________________________
3. ______________________________
4. ______________________________
5. ______________________________
6. ______________________________
7. ______________________________
8. ______________________________
9. ______________________________
10. ______________________________

Persönlicher Jahresplan

Richtlinien

1. ______________________________
2. ______________________________
3. ______________________________

Neues Denkmuster

____

____

____

Wichtigste Rolle

____

____

____

Die zehn wichtigsten Ziele

1. ______________________________
2. ______________________________
3. ______________________________
4. ______________________________
5. ______________________________
6. ______________________________
7. ______________________________
8. ______________________________
9. ______________________________
10. ______________________________

10. Wie kann ich sicherstellen, dass ich meine zehn wichtigsten Ziele erreiche?

Sie wissen selbst, was Sie tun müssen, um Ihre Ziele zu erreichen. Schreiben Sie die Antworten auf, die Ihnen spontan in den Sinn kommen. Das sind meist die besten Ratschläge, wie Sie Ihre Ziele erfolgreich umsetzen können.

Das Geheimnis liegt darin, eine Methode aufzustellen, die dafür sorgt, dass Sie das, was Sie für richtig erachten, auch tun. Persönliche Erfüllung und Erfolg sind das Ergebnis, wenn Sie zuerst die Dinge tun, die Ihnen wichtig sind.

Lesen Sie für Frage zehn vor allem noch einmal auf Seite 156ff. nach und erfahren Sie mehr über die Goldzeit-Methode.

- Setzen Sie sich monatliche Ziele, die Sie Ihren zehn wichtigsten Zielen näher bringen.
- Setzen Sie sich Wochenziele, die Sie Ihren Monatszielen näher bringen.
- Konzentrieren Sie sich auf Rollen und persönliche Werte statt auf Pflichten.

Sorgen Sie dafür, dass Sie auf dem Weg zum Erfolg bleiben, indem Sie sich mit positiv eingestellten Freunden und Kollegen umgeben, die Sie unterstützen. Alles, was Sie in Kontakt hält mit dem, was Ihnen besonders am Herzen liegt, wird Sie weiterbringen.

Persönliche Jahrespläne – einige Beispiele

Möglicherweise hilft es Ihnen, sich ein paar Pläne anderer Leute durchzulesen, um ein Gefühl dafür zu bekommen, wie man diesen Jahresplan oder Leitfaden erstellen kann. Die Männer und Frauen kommen aus unterschiedlichen Verhältnissen und sind zwischen fünfundzwanzig und dreiundfünfzig Jahre alt:

John, dreißig, Finanzberater, frisch verheiratet

Richtlinien

- Wenn ich etwas wirklich will, bekomme ich es auch!
- Wenn ich etwas verändern will, muss ich es anpacken!
- Monatsplänen folgen, um das zu erreichen, was ich will.

Neues Denkmuster

- Ich gebe mein Bestes!

Wichtigste Rolle

- Leader

Die zehn wichtigsten Ziele

1. Immer positiv sein.
2. Auch an mich denken.
3. Mich um meine Mitmenschen kümmern.
4. Alle Gespräche positiv beginnen und beenden.
5. Mehr Zeit mit meiner Frau verbringen.
6. Jeden Monat die Liste der leitenden Angestellten anführen.
7. Bis Mai Vizechef der Region werden.
8. Urlaub mit der ganzen Familie machen.
9. Pro Tag zwanzig Minuten Sport machen, Gewichte heben.
10. Täglich vor dem Zubettgehen meinen Diätplan kontrollieren.

Peter, Junggeselle und Verkaufsmanager

Richtlinien

- Halten, was ich verspreche.
- Durchhaltevermögen entwickeln.
- Mich zuerst belohnen.

Neues Denkmuster

- Ich liebe es, ein Abenteurer zu sein!

Wichtigste Rolle

- Abenteurer

Die zehn wichtigsten Ziele

1. Vier Viertausender besteigen.
2. Meine Eltern beim Skifahren, Camping usw. begleiten.
3. Mein Gewicht auf neunzig Kilo reduzieren und halten.
4. Zehnmal Campen gehen.
5. Mit dem Rauchen aufhören.
6. Ein neues Mountainbike kaufen und es mindestens dreimal pro Woche benutzen.
7. Meine Freundin darin unterstützen, gesund zu leben und ihre Talente optimal zu nutzen.
8. Mindestens drei Briefe pro Monat schreiben und alle Briefe beantworten, die ich bekomme.
9. Einen Sparplan aufstellen, um ein Grundstück zu kaufen.
10. Einen drei- bis fünftägigen Floßtrip planen und durchführen.

Hannah, dreiundfünfzig, Mutter, Großmutter und Akupunkteurin

Richtlinien

- Mich den Dingen voll widmen.
- Vertrauen haben.
- Weiterhin mein Herz öffnen.

Neues Denkmuster

- Ich glaube an meine Talente.

Wichtigste Rolle

- Akupunkteurin

Die zehn wichtigsten Ziele

1. Mich als Heilkräuterexpertin etablieren und in einer Klinik arbeiten.
2. Die finanziellen Bedingungen für einen Umzug schaffen.
3. An einem spirituellen Seminar teilnehmen.
4. Zeit mit meiner Mutter verbringen.
5. Einen liebevollen Partner finden, der zu mir passt und mir Kraft gibt.
6. Stark und gesund bleiben und mein Gewicht zwischen sechzig und fünfundsechzig Kilo halten.
7. Mein Engagement für holistische Medizin beibehalten.
8. Dieses Jahr bewusst erleben.
9. Mein Wissen über Heilkräuter und chinesische Medizin vertiefen.
10. Endgültig das Rauchen aufgeben.

Die Schöpfer des Programms «Dein bestes Jahr»

Die Workshops mit dem Titel «Dein bestes Jahr» wären ein kurzlebiges Strohfeuer gewesen, hätten im Lauf der Jahre nicht Tausende von Menschen an ihnen teilgenommen und hier ihre Gedanken, Ideen und Erfahrungen ausgetauscht. Sie sind die wahren Schöpfer dieses Buchs und der Inhalte, die es zugänglich macht. Hier folgen als Abschluss ein paar ihrer Geschichten.

Paul, ein dreiundvierzigjähriger Manager mit jahrelanger Erfahrung in großen multinationalen Organisationen plant sein Leben inzwischen seit vier Jahren nach diesem Programm. Besonders schätzt er die permanente Notwendigkeit, für die Goldzeit Raum zu machen. «Ich kann es schon viel besser», meint er. «Aber es ist ganz schön schwierig, nicht vom Weg abzukommen.» Er meint, sein Erfolg sei bisher größtenteils auf seine Idee zurückzuführen, dass er den Leuten sagt, er sei beschäftigt, obwohl er keinen «wirklichen» Termin hat, und sich dann die Zeit für das nimmt, was ihm am wichtigsten ist. Paul erzählt:

> «Ich glaube, dieser Prozess hat ungefähr vier Phasen. Zuerst kommt die Freude an der Idee, dann folgt das schlechte Gewissen und zusammen damit die Anstrengung, das zu tun, was einem wichtig ist. Schließlich stellt sich dann irgendwann eine echte Veränderung ein, und das fühlt sich an, als wäre man neugeboren. Ich freue mich auf die Zeit, wenn das alles ganz selbstverständlich läuft – wie das Zähneputzen!»

Hannah, dreiundfünfzig, Mutter, Großmutter und Akupunkteurin, macht das Programm seit fünf Jahren. Ihr gefällt es, einen bestimmten Bereich ihres Lebens in Angriff zu nehmen und zum vorherrschenden Thema des Jahres zu machen. «Im Lauf eines Jahres passiert vieles, was direkt mit diesem Schwerpunkt zusammenhängt – vor allem kann ich auch Dinge loslassen, die ich nicht mehr brauche», stellt sie fest.

Sie hat gelernt, den Prozess wesentlich flexibler zu sehen und fühlt sich weniger schuldig, wenn sich etwas nicht so entwickelt, wie sie es sich erhofft hat. Dass nicht alles genau nach Planung klappt, bedeutet nicht, dass etwas mit ihr selbst nicht stimmt. Hannah berichtet:

> «Mir einzugestehen, dass ich nicht immer so lebe, wie ich es mir wünsche, war schwer. Ich muss zugeben, dass ich eine Menge Dinge aufgeschoben habe, obwohl sie mir sehr wichtig sind. Aber jetzt ist die Zeit für sie gekommen.»

Joseph, ein fünfunddreißigjähriger leitender Angestellter bei einer erfolgreichen internationalen Beraterfirma, war einer der ersten Teilnehmer an unseren Workshops, die er inzwischen selbst auch durchführt. Als Kursteilnehmer seit 1981 spricht er davon, ein viel stärkeres Vertrauen gewonnen zu haben, dass er das tun kann, was ihm wichtig ist:

> «Das wichtigste Geheimnis lag für mich darin, Hilfe beizuziehen, wenn ich sie brauchte. Ich weiß, dass ich einen großen Teil dessen, was mich zurückhält, überwinden kann. Aber das Schwierigste ist, nicht wieder in den alten Trott einschränkendes Verhaltens zurückzufallen – es ist schwer, dieses Bewusstseinsniveau über lange Zeit aufrechtzuerhalten.»

Auch Ann, eine vierundfünfzigjährige erfolgreiche Schauspielerin und Autorin, ist schon lange dabei. Für sie ist der größte Gewinn der Bestandsaufnahme, dass sie gelernt hat, sich auf die wirklich wichtigen Dinge zu konzentrieren und ihren Wertvorstellungen treu zu sein:

> «Ich gehe ehrlicher mit mir um, wenn es ums Zielsetzen geht. Wenn etwas nicht funktioniert, kann ich mich der Sache jetzt stellen. Nach einiger Zeit habe ich erkannt, dass die Qualität meines Lebens weit wichtiger ist als Erfolg und Leistung in einem bestimmten Lebensbereich.»

Zum Schluss noch die Erfahrungen von Michael, der sich selbst als dreiundfünfzigjährigen erfolgreichen Schauspieler beschreibt, der Dinge auf die harte Tour lernen muss. Die Erfahrung mit diesem Workshop hat ihm geholfen, seine Schwierigkeiten in den Griff zu bekommen. Jahrelang ging er sowohl der Konfrontation mit seinen Problemen als auch der Beschäftigung mit seinen Träumen gezielt aus dem Weg; er fühlte sich wertlos und interessierte sich für nichts. Jetzt, da er gelernt hat, mit seinen Problemen besser umzugehen, gewinnt sein inneres Selbst – das, was ihm wirklich wichtig ist – deutlich mehr Raum:

> «Jetzt höre ich eine ganz neue innere Stimme. Wenn etwas Gutes passiert, sagt sie: ‹Das ist okay, ich hab's verdient› – statt der alten Leier, dass etwas Gutes für mich sowieso nicht von Dauer sein kann. Der schwierigste Teil ist jetzt, dass ich nicht übermütig werde, die klare Sicht verliere und dann irgendwann in ein schwarzes Loch falle. Ich muss ständig aufmerksam und bewusst leben, und das habe ich noch nicht ganz erreicht.»

Es gibt viele Geschichten von Freunden, Klienten und Verwandten, die sich auf den Weg gemacht haben, ihr Potenzial besser auszuschöpfen. Von Anfang an war meine stärkste Motivation, dass die Menschen ihre Gaben erkennen und beginnen, ihre Träume zu verwirklichen. Jedes Mal, wenn das geschieht, wird die Welt ein wenig besser.

Die meisten Menschen haben mehr als genug Talent, Bewusstsein und auch Ehrgeiz, ihre Ziele zu erreichen, aber oft ist alles unter einer Wolke von Selbstzweifeln, früheren Enttäuschungen oder einfach unter zu viel Arbeit verborgen. Nur selten nehmen wir uns genug Zeit, uns zu fragen, was wir tun und warum.

Dieses Buch soll Ihnen zeigen, wie Sie Ihr Leben in die Hand nehmen können, indem Sie die Ziele und Projekte, die Ihnen wirklich am Herzen liegen, bewusster angehen. Ich hoffe, diese Methode hilft Ihnen, gesünder, glücklicher und wahrhaft erfolgreicher zu werden in allem, was Sie tun.

Tipps für weiterführende Lektüre

Breathnach, Sarah Ban: *Ein guter Tag. 365 Schritte zum erfüllten Leben.* Goldmann Verlag, München 1998.

Buzman, Tony: *Das Mind-Map-Buch. Die beste Methode zur Steigerung Ihres geistigen Potentials.* Moderne Verlagsgesellschaft, München 1999.

Carnegie, Dale: *Sorge dich nicht – lebe!* Scherz Verlag, Bern, 83. Aufl. 1998.

Choprah, Deepak: *Your Ageless Body – Länger leben und jung bleiben.* Lange Media Verlag, Düsseldorf 1995.

Covey, Stephen R.: *Die sieben Wege zur Effektivität – Ein Konzept zur Meisterung Ihres beruflichen und privaten Lebens.* Campus Verlag, Frankfurt, 7. Aufl. 1996.

Dowling, Colette: *Der Cinderella-Komplex – Die heimliche Angst der Frauen vor der Unabhängigkeit.* Fischer Taschenbuch-Verlag, Frankfurt am Main.

Givens, Charles J.: *Super Self.* Simon & Schuster, New York 1993.

Handy, Charles: *Die anständige Gesellschaft – Die Suche nach dem Sinn jenseits des Profitdenkens.* Bertelsmann Verlag, München 1998.

Hay, Louise: *Du bist dein Heiler.* W. Heyne Verlag, München 1993.

Höller, Jürgen: *Sprenge Deine Grenzen. Mit Motivationstraining zum Erfolg.* Econ Verlag, München 1998.

Redfield, James: *Die Prophezeiungen von Celestine – ein Abenteuer.* W. Heyne Verlag, München 1998.

Rinpoche, Sogyal: *Das tibetische Buch von Leben und vom Sterben.* OW Barth Verlag, Bern 1993.

Robbins, Anthony: *Das Powerprinzip. Grenzenlose Energie – das NLP-Handbuch für Führungskräfte.* W. Heyne Verlag, München 1995.

Robbins, Anthony: *Grenzenlose Energie. Das Power Prinzip – Wie Sie Ihre persönlichen Schwächen in positive Energie umwandeln. Das NLP-Handbuch für jedermann.* W. Heyne Verlag, München 1998.

Über die Autorin

Jinny S. Ditzler hat immer als Ausbilderin gearbeitet, egal, wo sie lebte. Sie hat an Schulen unterrichtet, zwei Montessori-Kindertagesstätten gegründet, im *Human Potential Movement* als Leiterin mitgewirkt und ihre Erfahrung in der Geschäftswelt als Management-Trainerin weitergegeben. Ihre Firmenarbeit konzentriert sich darauf, in den Chefetagen mit ihrer Beratung darauf hinzuwirken, dass die Kultur der Unternehmensorganisation geändert wird: Die Angestellten sollen mit echtem Enthusiasmus zum Erfolg des Unternehmens beitragen können.

1980 gründete Jinny S. Ditzler den Workshop «Your Best Year Yet», der viele tausend Menschen in den Vereinigten Staaten und Großbritannien erreichte. Die Vielfalt dieser Erfahrungen inspirierte sie, dieses Buch zu schreiben. Sie lebt mit ihrem Mann Tim und zwei Söhnen in Aspen, Colorado.

Dank

Zu den schönsten Nebeneffekten des Schreibens gehört, dass man die Gelegenheit bekommt, sich bei all den Menschen zu bedanken, die einem so viel beigebracht und so viel geholfen haben. Ohne sie wäre nicht nur dieses Buch, sondern meine ganze Arbeit unmöglich gewesen.

Danke den Teilnehmern meiner Workshops – ihr alle habt bewiesen, dass mein Konzept funktioniert, und mich beflügelt weiterzumachen.

Danke allen meinen Klienten: Ihr habt mir euer Vertrauen geschenkt und mich ausgiebig an eurem Leben teilhaben lassen – bei euch habe ich die Geheimnisse erfahren, die ich hier weitergebe.

Danke meinen Freunden Jock und Susie, die so laut «Tu es!» gesagt haben, dass ich es hören musste.

Danke unserer Support-Gruppe, die in den letzten achtzehn Jahren meine britische Familie geworden ist.

Danke meinen größten Lehrern: Werner Erhard, der mir den Schlüssel zu meiner Stärke gegeben hat; John-Roger, der mir das Herz öffnete; und Lew Epstein, der mir zeigte, wie ich mich lieben lassen kann.

Danke meinen Partnern bei Best Year Yet, Limited und Your Best Year Yet, LLC, die mit mir den Traum teilen, unsere Methode möglichst vielen Menschen nahe zu bringen.

Danke meinen Eltern Leo Eugene Anderson und Katherine Thomas Anderson, deren Klugheit und starken Willen ich geerbt habe und deren Liebe mir alles bedeutet.

Danke meiner wunderbaren großen Familie, die mich bei jedem Schritt ermutigt hat, die stolz auf mich war und mir geholfen hat, an mich zu glauben.

Information Seminare

Weitere Informationen über Seminare zum Thema dieses Buches erhalten Sie unter:

Your Best Year Yet
Dein bestes Jahr – starte jetzt!
Mörikestraße 15
D-78733 Aichhalden
Tel.: 0049 (0)7422 520011
Fax: 0049 (0)7422 54984

BestYear@t-online.de
www.bestyearyet.com